GELUCK

ENFONCE LE CLOU

Couleurs : Serge Dehaes

casterman

À Jean-Michel Djian,
pour tellement de raisons...

« Tant va la poutre dans l'œil de celui qui accuse son chien de la rage qu'à la fin il nous les brise. »

Jean de La Rochefontaine

www.geluck.com
www.casterman.com/lechat
www.laminuteduchat.com

ISBN 978-2-203-03845-5

N° d'édition : L.10EBBN001432.N001

Achevé d'imprimer en août 2011 en France par Pollina s.a., Luçon - L58086. Dépôt légal : septembre 2011 ; D.2011/0053/508

Conditions générales

Avant de recueillir votre consentement à tous les deux, je vais vous lire, à toi Philippe, et à toi lecteur, vos droits et vos devoirs mutuels.

Philippe, tu devras, au fil des pages, offrir à ton lecteur des petits textes amusants, rédigés de façon alerte sans fautes d'orthographe et ponctués par des petits dessins rigolos bien gommés et joliment coloriés. Tu pourras aborder tous les sujets qui te chantent, même ceux qui fâchent, et tu ne t'embarrasseras pas des règles du bon goût généralement en vigueur dans nos médias ramollis.

Toi, lecteur, tu devras faire montre d'une attention soutenue tout au long de l'ouvrage que tu pourras lire en une fois ou par petits morceaux. N'hésite pas à ricaner de temps en temps, en t'exclamant : « Sacré Philippe, il n'y va pas avec le dos de la petite cuiller ! ». Si tu entames la lecture du livre au-delà de cet avertissement, tu t'engages à ne plus faire demi-tour et surtout à ne pas venir te plaindre après.

Soyons clair : la dérision présente dans les lignes qui suivent, ce n'est franchement pas de l'humour de tapette (et j'en demande à l'avance pardon à toutes les tapettes qui nous lisent pour cette comparaison dégradante, mais je n'ai

pas trouvé de comparaison plus adéquate. Désolé, les filles).
Nous parlerons de Dieu et des évêques pédophiles, nous évoquerons l'argent et ses bienfaits, nous n'épargnerons ni les miséreux qui sollicitent l'aide du Fonds monétaire international, ni les handicapés qui bénéficient de places de parking réservées mais qui ne se gênent pas (j'en ai vu) pour se garer sur des emplacements pour automobilistes valides.
Nous survolerons l'histoire de l'art, l'aube et le crépuscule de l'humanité, la naissance et la chute des mythes.
Dans ce livre, nous publions des images qui dérangent et qui bouleversent. Nous pénétrerons dans l'intimité des grands de ce monde, même par là où ça fait mal.
Pour celui qui saura le lire comme il faut, cet ouvrage apparaîtra comme la Bible des temps modernes, aussi capital que le Capital, et aussi rouge que le Petit Livre. Mao Tsé-Toung (l'ennemi juré de Mao N'sait-Rieng) avait de grands desseins pour son pays, mais n'en faisait pas des petits pour ses lecteurs. Tout le contraire de moi.
Dans ce traité, je parlerai d'ailleurs très peu de moi. Mon parcours est connu et je ne veux pas revenir sempiternellement sur ces missions que j'ai accomplies il y a plus de trente ans. À l'époque, je ne pensais faire que mon devoir mais le temps qui a passé, éclaire d'un jour nouveau ces actions qui, pour certaines, ont fait basculer le destin des peuples.
Je n'aime pas trop rappeler que j'ai manifesté contre la guerre du Vietnam dès 1968 et que sur cette impulsion, des négociations ont été engagées entre les belligérants pour aboutir aux accords de Paix de Paris en 1973.
Je ne m'attribue aucun mérite dans la révolution qui amena la chute du mur de Berlin, même si Mikhaïl Gorbatchev obligeait ses collaborateurs à relire mes dessins politiques chaque matin avant de partir au bureau.
La fin de l'Apartheid en Afrique du Sud coïncide bizarrement

avec l'annonce de mon engagement, comme si Frederik De Klerk avait redouté le bras de fer que j'allais lui opposer. Ma réputation m'avait précédé.
Et je ne suis pas meilleur qu'un autre, savez-vous, il m'est aussi arrivé d'échouer. Ma voix n'a pu se faire entendre jusqu'en Amazonie où l'on continue de déboiser à tour de bras, le Proche-Orient reste sourd à mes incantations et mes avertissements sur la sécurité des centrales nucléaires au Japon sont restés lettre morte avec le résultat qu'on sait.
Mais voilà que je m'égare (comme disaient Saint-Lazare et Saint-Charles) en vous parlant de ma jeunesse. Revenons plutôt à vous deux : toi, lecteur, et toi, Philippe, qui avez décidé d'unir vos destins.

Si quelqu'un a une raison de s'opposer à cette union, qu'il parle maintenant ou qu'il se taise à jamais.

– ...

– Philippe Geluck, acceptes-tu de publier cet ouvrage frisant parfois l'abject, quitte à mettre en danger ton image de dessinateur bien propre sur lui ?
– Oui.
– Lecteur, acceptes-tu de passer à la page suivante et de lire ce livre jusqu'au bout ?
– Oui.
– Je vous déclare unis par un contrat moral à durée indéterminée.

Enfants non désirés

Vous savez comme les enfants qui hurlent ont le don de me mettre hors de moi. Surtout lorsqu'il s'agit des enfants des autres et surtout si leurs cris envahissent ma bulle privée dans un espace public. Au restaurant, au cinéma, dans le train, j'estime que les jeunes parents devraient être poursuivis devant les tribunaux pour avoir laissé ouvertement brailler leur progéniture sans la bâillonner illico. Fumer dérange les voisins de table ? Les cris d'enfants, pareillement. Halte au terrorisme bambinesque ! Sous prétexte que c'est mignon et que ça dit « areuh », ça ne devrait pas être autorisé à nous pourrir ces moments bénis où nous échappons, le temps d'un film, d'un navarin de homard, d'un Paris-Marseille, au tohu-bohu de notre société trépidante. Et je ne critique pas ici les petiots eux-mêmes, mais plutôt leurs infâmes géniteurs qui, non contents de s'émerveiller de leurs braillardises, en rajoutent à coups de « Voyons, Thomas, calme-toi ! Tout le monde te regarde ! ». Les propos de cette jeune mère n'ayant qu'un but : attirer sur sa descendance l'attention de ceux qui avaient réussi jusque-là à rester concentrés. Mais, dans cette saga, la cerise de l'inacceptable fut posée sur le gâteau de mon endurance il y a quelques jours, lorsque dans un TGV, aux vociférations d'un enfant de 3 ans, sans doute contrarié par quelque désagrément passager, succéda la voix de crécelle de sa maman qui se mit en devoir de lui lire une histoire pour l'apaiser. Qu'elle lui raconte une, deux, seize histoires de Monsieur Patate, je veux bien. Qu'elle interprète à elle seule les voix de tous les amis de Monsieur Patate, je l'admets. Qu'elle éclate de rire après chaque réplique de Monsieur Patate pour en souligner l'effet comique, passe encore. Mais pourquoi s'est-elle crue obligée de claironner cette prose à l'ensemble des 80 personnes voyageant avec eux? À quand des wagons non-enfants, des restaurants adults-only et même (oserais-je?) des parcs d'attractions interdits aux moins de 16 ans? Ça a l'air un peu raide comme ça, je sais, mais dormez sur cette idée jusqu'à demain. Enfin, si le fils du voisin ne joue pas du tambour toute la nuit...

CE COUPLE A-T-IL LE DROIT
LA PETITE FILLE
QU'IL A

DE FAIRE EUTHANASIER
TÉTRAPLÉGIQUE
ADOPTÉE ?
J'AI PEUR DE CE QUE VONT DIRE LES VOISINS, BIBICHE

Peine de mort préventive

Personnellement, mais ce n'est que mon avis, je trouve qu'on s'est débarrassés un peu vite de la peine de mort. À l'époque, c'est moi tout seul qui aurais dû prendre la décision, j'y aurais réfléchi à deux fois avant de voter l'abolition. C'est vrai quoi, voilà une loi qui a fait ses preuves pendant des milliers d'années et, pouf, on la balance comme une vieille chaussette. Méditons un instant sur les nombreux avantages liés à un éventuel rétablissement de cette excellente punition. Bien sûr, nous ne reviendrons pas ici sur le vulgaire débat consistant à se demander s'il faut couper la tête aux assassins multirécidivistes, la question a été tranchée. Là où notre propos est innovant, c'est que nous proposerions de la rétablir dans un champ d'action juridique qu'elle ne couvrait pas et elle deviendrait, dans ces domaines, carrément dissuasive (ce qu'elle n'a jamais été dans le secteur criminel). Je propose que soient passibles de la peine capitale: les automobilistes qui s'engagent dans un carrefour déjà bloqué, les commerçants qui vous servent en toute connaissance de cause des produits périmés, les spectateurs qui ne coupent pas leur portable au théâtre, les journalistes qui commettent des fautes de français à la radio et à la télévision. Et aussi ceux qui rédigeraient des critiques négatives sur mon livre. Bien sûr, ce ne sont que des exemples et la liste mériterait d'être beaucoup plus longue. Nous y reviendrons. « Ces méfaits ne sont pourtant pas si graves et ne justifient pas une sanction aussi définitive », me diront certains. Et justement, c'est la disproportion du châtiment qui en fera l'exemplarité. Si l'amende encourue pour un papier jeté par terre n'est que de 10 euros, pourquoi s'en priver ? C'est à la portée de toutes les bourses. Mais si le tarif était la guillotine ou la chaise électrique, sans appel ni sursis, je vous prie de croire qu'on y réfléchirait à deux fois avant de se débarrasser de ses mégots et autres saletés dans la rue.

Après avoir établi leur compatibilité avec des malades en attente d'organes, les condamnés seront incarcérés dans des prisons bien propres jusqu'au jour de leur exécution médicalement programmée. Le grand jour venu, au lieu de gâcher de la bonne marchandise, il suffira aux médecins de prélever les meilleurs morceaux et de les acheminer vers ceux qui en ont besoin. En quelques lignes, nous venons de résoudre le problème de la propreté dans les rues et celui du don d'organes. Merci qui ? Merci la peine de mort !

LE TOUT CHIMIQUE
REVENONS À LA

FAIT PEUR !
CASTRATION D'ANTAN

Bonne année pour ce qu'il en reste

On peut envoyer ses bons vœux jusqu'au 31 janvier, paraît-il, sans passer pour un fameux malotru. Or voilà bien un signe supplémentaire de la dégradation de nos chères valeurs. Le 31 janvier! Permettez-moi de rire. Ha! Ha! Ha! Voilà qui est fait. Et pourquoi pas le 31 mars, tant qu'on y est? Ou le 15 juillet? Avant de partir en vacances.

– On n'a rien oublié, à part Mémé dans sa maison de retraite?

– Non. J'ai fermé le gaz, coupé les plombs et enterré le chien.

– Et les vœux?

– Oups! Au temps pour moi! J'ai laissé les cartes sur le buffet. On en profitera pour les poster à Orly.

N'oublions jamais que chaque jour perdu est irrattrapable et que si on n'a pas souhaité une bonne année le 1er ou le 2 janvier, après, on ne souhaite plus aux autres qu'un bon bout d'an. Et que les petits rigolos qui envoient leur carte juste avant la date limite du 1er février feraient tout aussi bien de poster une lettre d'insultes à la place, au moins, ça aurait le mérite d'être clair. Parce que moi, recevoir des vœux de santé et de bonheur pour onze douzièmes de mon année, c'est un peu comme si on me disait: «Que 91% de l'année qui vient te soient doux et agréables, en revanche pendant les 9% restant, tu peux crever la gueule ouverte, on s'en bat les couilles.» Et moi, des gens qui m'écrivent des choses pareilles, je n'ai pas envie de les garder comme amis. Alors c'est bien simple: les vœux, ça s'achemine le 1er ou le 2 janvier, point barre. Au-delà de cette limite, vos souhaits, je préfère pas.

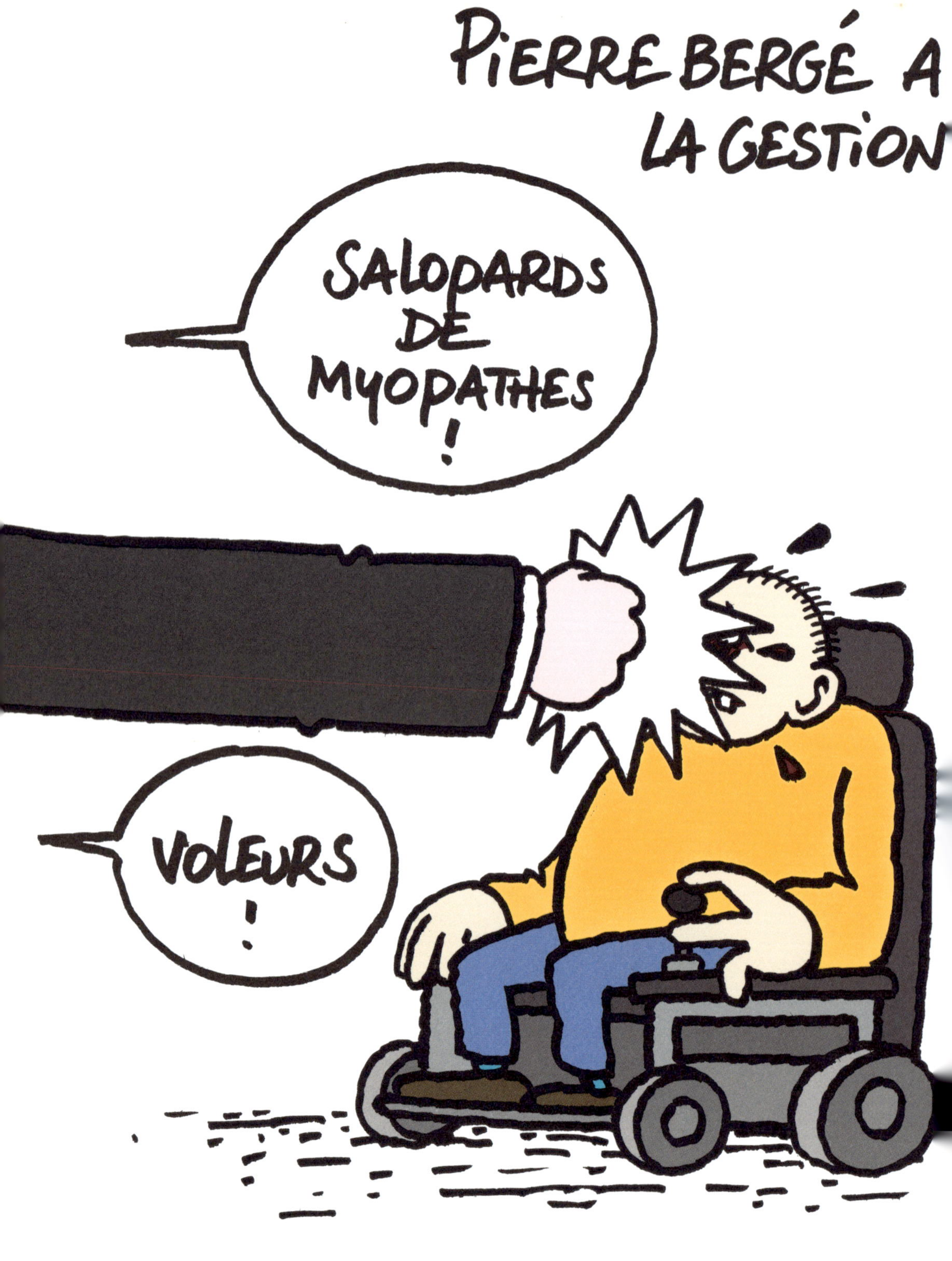
PIERRE BERGÉ A LA GESTION
SALOPARDS DE MYOPATHES !
VOLEURS !

RAISON DE DÉNONCER DU TÉLÉTHON

Pour en finir avec la critique

Les journalistes, il y en a de deux catégories : ceux qui disent du bien de mes livres (de remarquables professionnels) et puis les autres. Les reporters les moins scrupuleux écrivent des papiers sur les guerres sans être allés eux-mêmes se faire massacrer, commentent la vie privée des stars sur la base d'une dépêche d'agence ou, pire, d'une brève publiée par un confrère qui avait opéré lui-même un copier/coller d'une dépêche AFP repiquée sur Reuters. Aaaah, mais où est donc l'époque où l'envoyé spécial traversait les océans pour rendre compte de l'arrivée du président chez nos amis sous-européens, où le photographe débarquait en Normandie face aux mitrailleuses nazies avec pour seule arme son Kodak et où l'interviewer passait trois semaines avec un constructeur automobile avant de publier une page d'entretien ?

En moins d'une décennie, tout s'est dégradé. J'ai senti que ça commençait à changer le jour où j'ai reçu cet appel :
– On m'a demandé un papier sur vous, mais comme je dois faire Adamo le matin et Maurane l'après-midi, j'aimerais vous rencontrer entre les deux. Je sais où vous habitez et ça

m'arrangerait que ce soit vous parce que c'est sur ma route.

Deux ans plus tard, j'ai trouvé ce message sur mon répondeur :
– Pourriez-vous me rappeler avant 17 heures ? Je dois faire votre interview. Avec tous les malades qu'on a au journal ça ne m'arrange pas des masses, mais Jean-Claude Van Damme nous ayant fait faux bond, nous devons bien remplir l'édition de demain.

En quelques mois, un nouveau style est apparu :
– Pourriez-vous répondre à ces questions par mail ? Nous interrogeons les Belges connus sur leurs trucs et marottes et nous choisirons les réponses les plus originales parmi toutes celles que nous recevrons.

Et depuis trois ou quatre ans, voici les courriels que je reçois :
– Cher Monsieur Glück, notre journal souhaite publier pendant tout l'été une série de chroniques signées par des personnalités, sur le thème « Mes bons plans pour les vacances ». N'arrivant pas à joindre les frères Taloche qui semblent très protégés par leur manager, notre stagiaire (qui a fait ses études avec votre nièce) m'a aimablement transmis votre adresse mail en me disant que vous pourriez peut-être m'aider à les joindre. Je vous en remercie d'avance.

ANNE SINCLAIR SE FAIT PINCER AU MOMENT DE PÉNÉTRER DANS LE LABORATOIRE DE RECHERCHE SUR LA CASTRATION CHIMIQUE

Mademoiselle Juin

Quand j'étais petit, je m'intéressais beaucoup aux filles. Aux petites filles de ma génération, certes, mais davantage aux plus grandes. Disons que je lorgnais carrément celles qui faisaient deux fois mon âge. Et même un peu plus, si affinités. Malheureusement, elles ne voyaient en moi qu'un petit garçon leur souriant, la lèvre humide, et ne percevaient pas le mâle (déjà) en rut qui enflait en cet innocent garçonnet. Sans doute mes parents m'avaient-ils entendu exprimer clairement dans mon sommeil (à l'époque, j'étais somnambule et parlais en dormant) ces désirs que je n'aurais avoués à personne, même sous la torture, même en confession. Mes parents avaient lu en moi, c'est certain, car à mon neuvième anniversaire, j'eus la surprise de trouver parmi mes cadeaux la Playmate de juin 1963. Non pas sa reproduction photographique sur calendrier ou magazine (publié par mon idole de l'époque, Hugh Hefner), mais la véritable Connie Mason en personne ! Mon père n'a jamais voulu me révéler comment il s'était débrouillé pour négocier cet incroyable arrangement. Toujours est-il que j'avais tout juste 9 ans, que j'allais entrer en quatrième primaire (CM2) et que je venais de recevoir la Playmate de juin 63 rien que pour moi. Je ne vous raconte pas l'enchantement qui inonda ma vie durant les mois et les années qui suivirent, car en plus de notre relation purement physique, elle m'aidait à faire mes devoirs. Mes camarades devinrent verts de jalousie et je les comprenais d'autant mieux que je l'avais été moi-même de mon ami Bernard lorsqu'il reçut son magnifique vélo Peugeot, ou de Pierrot à qui ses grands-parents avaient offert un train électrique Märklin. L'heure de la revanche avait sonné. Bernard qui ne m'avait jamais laissé rouler sur son vélo et Pierrot qui ne m'autorisait qu'à le regarder manœuvrer lui-même ses locomotives me supplièrent, mais je fus intraitable : une Playmate, c'est comme une brosse à dents, ça ne se partage pas. Les années passèrent ainsi. Pendant que j'étais à l'école, Connie donnait un petit coup de main à ma mère pour le ménage. Plus tard, elle me présenta à ses copines : Miss June 67, January 68... Les années et les mois se succédèrent ainsi, dans la joyeuse insouciance des années 60, et je crois fermement que c'est la fréquentation de ces somptueuses créatures estampillées « avril », « mai » ou « juin » qui me donna si jeune le goût des éphémérides (qui ne me quittera plus). D'ailleurs, vous ai-je dit que le prochain calendrier du Chat était disponible en librairie ?

CHEZ LES BEN LADEN, DU
BONSOIR MON CHÉRI, TU AS EU UNE BONNE JOURNÉE ?

TEMPS OÙ TOUT ALLAIT BIEN

Dieu est nul

Ça y est ! Je détiens la preuve formelle et définitive que Dieu n'existe pas. Ces histoires d'Être suprême, de Créateur de toute chose, c'était du pipeau et on s'est bien foutu de la gueule de tous les croyants, depuis des millénaires. Tous les gogos sont tombés dans le panneau depuis l'aube de l'humanité. Et je ne peux pas véritablement le leur reprocher puisque j'ai été comme eux. La seule différence entre nous, c'est que moi j'étais très jeune. Tandis qu'eux, ils sont grands maintenant. Il y en a même parmi eux qui ont fait des études. Mais voilà, nous restons tous de grands enfants. Nombre d'entre nous continuent d'avoir peur dans le noir et de ne pas aimer les épinards. Alors, puis-je leur faire le reproche d'y croire encore, à ce Dieu à la fois menaçant et plein d'amour ? Dois-je les blâmer d'espérer une autre vie après la vie, du homard après la tartine de merde et le paradis éternel après le 30 m^2 et la maison de retraite ? Au début, j'y ai cru dur comme fer, moi, à l'existence du Père Noël. Je faisais confiance à mes parents, comme à des guides spirituels. J'étais persuadé qu'il savait quand je mentais et quand je me conduisais mal. Exactement comme les croyants l'imaginent avec leur Dieu. J'étais convaincu que les cadeaux qu'il m'apportait étaient une récompense méritée et je ne me suis jamais posé la question de savoir si mes copains,

fils de riches, étaient plus sages que moi tant ce qu'ils recevaient était plus cher. Je pensais que Père Noël aimait tous les enfants de la même façon. Jusqu'au jour où j'ai compris qu'on m'avait grugé.
Au moins, mes parents ont reconnu les faits, ce que ne risquent pas de faire les autorités religieuses. Ils m'ont dit que tous les enfants avaient besoin de merveilleux. Les papes et autres ayatollahs ne prêchent pas autre chose. Tout ça, c'est pour votre confort, mes bien chers frères, fermez-la pendant votre passage sur cette terre, le Grand Père Noël vous regarde et vous récompensera dans l'au-delà. Tu parles ! Moi je dis : la maison ne fait pas crédit, ici on paye comptant. Et je vais m'arrêter ici. Je ne vais pas m'emmerder à perdre mon temps à essayer de convaincre de l'évidence, comme le premier philosophe venu. Père Noël n'existe pas, donc, Dieu n'existe pas non plus. Ce n'est quand même pas si difficile à comprendre, quoi. Merde à la fin.

LIBERTÉ DE
AU SALON DE

CULTE

L'AGRICULTURE

La belle et la moche

Nous allons aujourd'hui nous poser une véritable question d'éthique. Il est bien entendu que je m'adresse ici aux hommes comme aux femmes. Les filles qui voudraient faire ce test n'auraient qu'à remplacer « piétonne » par « piéton », « belle » par « beau » et ainsi de suite...
Imagine que tu te trouves au volant de ta voiture lancée à pleine vitesse. Soudain, pour une raison quelconque mais indépendante de ta responsabilité, surgissent devant toi deux innocentes piétonnes. Disons pour nous résumer que dans les circonstances décrites, il te sera impossible de les éviter toutes les deux, quoi que tu fasses. Il est donc indispensable de choisir d'en écraser une pour sauver l'autre. Les écrabouiller toutes les deux serait parfaitement indigne, nous sommes d'accord. Ajoutons qu'elles sont pour toi, l'une comme l'autre, de parfaites inconnues. Et tu n'as qu'une fraction de seconde pour prendre ta décision. Laquelle vas-tu choisir de sauver ?

1. La belle ou la moche ?
2. La jeune ou la vieille ?
3. La malade en phase terminale ou celle qui pète de santé ?
4. La mince ou la grosse ?

Tranche ces cas de conscience avec le plus d'honnêteté possible, ensuite, retourne ton livre pour comparer ta réaction à la mienne.

1. La belle ou la moche ? Moi, j'écraserais la moche. Ce ne serait pas de gaieté de cœur, mais il faut bien en choisir une des deux.
2. La jeune ou la vieille ? Je ne suis pas du genre à faire dans le jeunisme, mais j'écraserais la vieille, sans hésiter. La plus grande partie de sa vie est derrière elle tandis que pour l'autre, la vie ne fait que commencer.
3. La cancéreuse ou l'autre ? Il vaut mieux choisir de sauver la fille en pleine santé. C'est pas l'autre qui payera nos retraites quand on sera vieux.
4. La mince ou la grosse ? Contrairement à toi, j'écraserais la mince. Parce que la grosse endommagerait davantage ma carrosserie.

CE QUI ME CONSOLE UN PEU DANS TOUT ÇA, C'EST DE ME DIRE QUE JEANNE D'ARC AUSSI ÉTAIT SANS DOUTE UN BOUDIN

ÇA NOUS FAIT UNE BELLE JAMBE !

La ferme, célébrités !

Selon les plus grands spécialistes du monde, il faut situer la naissance de la bande dessinée aux alentours du XIXe siècle, avec un illustrateur suisse du nom de Rodolphe Töpffer qui, le premier, eut l'idée d'associer le dessin et le langage via des bulles ou phylactères. Or des bulles, il y en avait déjà dans les images pieuses du Moyen Âge puisque le terme « phylactère » désignait ces sortes de banderoles ornées de textes semblant sortir tout droit de la bouche des saints et des martyrs. Les véritables débuts de la BD remontent donc quelques siècles plus tôt et nous pouvons qualifier, sans nous tromper, toute la peinture qui suivit de « bande dessinée muette ». Car enfin, réfléchissons un peu : qu'est-ce que Rembrandt ou Michel-Ange ont fait toute leur vie, sinon raconter des histoires en images ? Au plafond de la Sixtine, Buonarroti n'a pas cru bon d'ajouter une bulle sortant de la bouche de Dieu disant « Tiens, mon pote, par ce geste, je te donne la vie ! » et l'autre répondant « Merci, patron ! », là où Peyo et Franquin l'auraient fait. Rembrandt Harmenszoon Van Rijn non plus n'a pas jugé nécessaire d'orner sa *Ronde de nuit* de commentaires tels que « Puuuutain, mais il fait

noir comme dans le fondement d'un obscurantiste!», «On n'y voit goutte», «À propos de goutte, si on allait en boire une petite?», «Avancez, devant!», «Mets tes deux pieds en canaaaard, c'est la chenille qui redémaaaarre!». Car si ces maîtres du pinceau nous ont bien transmis de magnifiques images de leur époque, ils ne nous apprennent rien sur la façon de s'exprimer de leurs contemporains. Dieu roulait-il les R? Van Gogh en se coupant l'oreille a-t-il fait «Aïe!», «Ouille!» ou «Potferdek!»? Nous ne le saurons jamais.
Notre conclusion est que la peinture a loupé un sacré rendez-vous hyper-important il y a mille ans et qu'elle en est restée muette depuis. Alors, qu'est-ce qu'on dit? Merci la bédé!

VOUS N'AURIEZ PAS VU

LE PRINCE CHARLES ?

Nous n'en savons que peu

– À la guerre, quand on doit tuer des ennemis en fuite, est-ce qu'on abat d'abord les gros, parce qu'ils sont plus faciles à viser ou est-ce qu'on les laisse pour la fin, puisqu'ils courent moins vite que les autres ?
– Pourquoi est-ce que ça sent le brûlé quand ça brûle et pas un peu avant ?
– Pourquoi la boue fait-elle des taches claires sur les pantalons foncés et des taches foncées sur les pantalons clairs ?
– Pourquoi les arbres ne font-ils pas de bruit en poussant ?
– Pourquoi n'y a-t-il pas plus de lettres dans « tout » que dans « rien » ?
– Comment se fait-il qu'on n'ait pas encore réussi à faire quelque chose contre le décalage horaire ?
– Pourquoi harcèle-t-on les enfants avec des problèmes de baignoires dont le robinet débite 56 litres à la minute tandis que ne s'écoulent que 6,7 décilitres à la seconde quand on sait pertinemment que dans la vie il suffit de fermer le robinet pour ne pas s'emmerder avec de l'eau qui déborde ?
– Pourquoi n'appelle-t-on pas les fermetures Éclair des ouvertures Éclair quand on les ouvre ?

– Pourquoi crève-t-on systématiquement un pneu à un moment qui tombe mal et jamais à un moment qui tombe bien ?
– Pourquoi des mûres pas mûres, on les appelle quand même des mûres ?
– Pourquoi les pianistes et les guitaristes aiment-ils plus que les trompettistes chanter en s'accompagnant ?
– L'arrivée du Post-it n'a-t-elle pas ruiné l'industrie de la punaise ?
Beaucoup de questions donc pour peu de réponses, mais il en est une que tout le monde se posait et à laquelle nous avons réussi à répondre :
– Pourquoi, pour aller de Bruxelles à Londres, vaut-il mieux prendre le train qui passe dans le tunnel sous la Manche plutôt que l'avion ?
– Parce que les ailes ne passeraient pas. Ne me dites pas merci, c'est naturel.

LE DALAÏ

RELEVEZ VOTRE MANCHE GAUCHE, LES ENFANTS, POUR QUE LE DOCTEUR PUISSE FAIRE LE VACCIN

LAMA À L'ÉCOLE

Vive avant !

Avant, on comprenait ce que disaient les chanteurs, ils articulaient. Avant, on faisait réparer les chaussures, on ne les jetait pas parce qu'un lacet était usé comme on fait maintenant. Avant, à Bruxelles, *Le Soir* paraissait le soir et pas le matin et c'est d'ailleurs pour ça qu'il s'appelait *Le Soir* et pas *Le Matin*. Avant, ça sentait le chocolat à côté de la gare du Midi tandis que maintenant ça sent les gaz d'échappement. Avant, on trouvait toujours une place de parking. Avant, je veux dire quand j'étais petit, Saint Nicolas existait vraiment, aujourd'hui, ce sont des types déguisés en lui qui cachetonnent début décembre dans les grands magasins. Avant, il y avait les méchants et les gentils. Les méchants, c'était les Russes et tous leurs copains, et les gentils, c'était nous. À présent, des méchants il y en a partout, même chez nous. Avant, il y avait systématiquement de la neige à Noël et on faisait des bonshommes et de la luge. À l'heure actuelle, les Noëls blancs foutent l'économie par terre et la neige perturbe plutôt qu'elle n'enchante.

Avant, fumer ne tuait pas et l'amiante était un excellent isolant. Avant, chaque Français buvait 140 litres de vin par an, on pouvait dire « mon z'ami » à un Arabe sans se ramasser un procès aux fesses et on appelait les handicapés des « anormaux ». Avant, c'était le bon temps !

Le corps d'un nouveau-né repêché dans la Marne

BEN, ÇA ALORS !
EST-CE QUE C'EST Y QU'ÇA S'POURRAIT QUE LE P'TIT GRÉGORY IL AURAIT PONDU DES OEUFS ?

Prends ça dans ta gueule !

Est-ce que les types qui font hurler le moteur de leur moto en traversant ma ville ont quelque chose contre moi ? Je veux dire personnellement ? Je comprendrais et nous pourrions même en parler. Mais pourquoi me le disent-ils de cette façon ? Pourquoi ne viennent-ils pas sonner à ma porte, prendre une tasse de thé et m'expliquer ce qu'ils reprochent à mes dessins, à mes petits textes rigolos, voire à ma façon de me vêtir (le noir ne plaît pas à tout le monde) ? Au lieu de ça, ils se livrent à des accélérations grotesques, faisant beugler leurs engins au-delà des 100 décibels. Quelle manière peu courtoise de dialoguer. Ou alors, je me trompe et ce n'est pas à moi qu'ils en veulent et ils font ça juste pour s'amuser.

Eh bien, qu'ils sachent, ces connards, que s'ils n'ont rien contre moi, moi, en revanche, moi, je les hais. Je les vomis. Je les abhorre et les exècre. Je les conchie et je leur pisse à la raie. Je les trouve pathétiques et nuisibles. Mon plus grand bonheur serait de pouvoir leur foutre ma main sur la gueule. Je leur déclare la guerre. J'envahis leur Pologne. Je les hiroshimase. Personne ne peut imaginer comme je me réjouirais de les voir s'écraser la tronche sur des murs de béton armé. Je ne souhaite même pas qu'ils souffrent, non, juste qu'ils crèvent. Et s'ils pouvaient s'emplâtrer vers 2 heures du matin, au moment où ils vont réveiller des milliers de gens qui tentent tant bien que mal de reprendre des forces après une journée de merde, mon bonheur serait total!

D'ailleurs, je crois que je vais me tenir au courant de ces disparitions violentes de trous du cul. Si j'arrivais à repérer l'identité de ces abrutis, je me ferais un plaisir d'envoyer quelques fleurs à leur enterrement avec un petit mot très sobre: «Bon débarras, sous-merde.»

JOHN LENNON
REGRETS...
optic
2000

1940-1980
À TOI, JOHN,
ALAIN
AFFLELOU

Immaculé toute la soirée !

Cette semaine, j'ai reçu dans ma boîte une lettre qui a retenu toute mon attention. Sur l'enveloppe figurait bien mon nom, mais pas celui de l'expéditeur. Quant au courrier lui-même, il se composait d'une feuille blanche. Voilà un message vite lu et ne nécessitant pas de réponse, me direz-vous. Comme vous allez vite en besogne, vous répondrai-je. J'ai plutôt le sentiment que mon correspondant anonyme souhaitait, par cette missive, me faire passer un message. Mais lequel ? À moi de le comprendre. Cette page blanche pouvait être le manifeste d'un illettré voulant attirer notre attention sur l'analphabétisme. Le dessin du jardin d'un jeune lecteur eskimau. Le relevé des chanteurs corses actuellement présents dans les hit-parades californiens. Une publicité détournée pour la firme Tipp-Ex ? Une photocopie du tissu de la robe du pape revenant du pressing. Les principaux motifs d'espoir de paix au Proche-Orient ? La première page du roman d'un auteur peu inspiré. Ce qui a vraiment changé dans la nouvelle culture politique. La liste des livres présents dans la bibliothèque d'une émission de télé-réalité ? L'inventaire des astronautes paraguayens encore en exercice. Ou tout simplement, la liste non exhaustive des raisons qui doivent nous pousser à croire en l'amélioration de l'homme au fil des siècles ?

STALINE ET HITLER

FÉLICITANT PHILIP MORRIS

Tout est écrit

BÉLIER. Méfiez-vous de vos amis, surtout de ceux qui organisent des reconstitutions historiques, particulièrement celles ayant trait à l'attaque des châteaux forts au Moyen Âge. S'ils vous tiennent à quelques-uns et se servent de vous pour défoncer une grande porte de bois, il se peut que vous éprouviez quelques maux de tête dans les jours qui suivront.

TAUREAU. Ne mangez pas n'importe quoi, n'oubliez pas que vous êtes herbivore et n'acceptez aucun aliment ressemblant à de la farine ou quelque chose comme ça. Évitez les voyages en Espagne.

GÉMEAUX. Si vous ne vous appelez pas Castor et Pollux, ceci ne vous concerne pas. Et d'ailleurs on ne dit pas *gé* mais *ju*.

CANCER. Attention à l'abus de tabac et d'alcool. Mangez des fibres, mais pas trop d'épinards cultivés aux alentours de Fukushima. Faites un dépistage colorectal régulièrement.

LION. Lions, vous ne lirez sans doute pas ceci car vous vivez généralement en Afrique et vous ne parlez pas notre langue.

VIERGE. Bravo les filles ! Mais je suis sûr que vous allez bientôt rencontrer un gars sympa qui saura vous faire changer d'avis avec tact et tendresse.

BALANCE. Ne soyez plus les complices de ces bouchers sans scrupules qui disent « Il y a un peu plus, je vous le mets ? ».

SCORPION. Restez sous vos pierres dans les pays chauds. Je suis persuadé que vous avez votre utilité sur cette terre, mais certainement pas celle de venir nous emmerder avec vos sales piqûres.

SAGITTAIRE. À votre place, je ne serais pas très fier de mon cri de ralliement « Sagittaires, il s'agit de se taire ! ». Mais si ça vous fait marrer, c'est vous que ça regarde, après tout.

VERSEAU. Comme le Yin et le Yang, comme Laurel et Hardy, comme Tif et Tondu, que serait le Verseau sans son inséparable comparse, le Recteau ?

POISSONS. Vendredi est votre jour. Vous êtes actuellement en promotion chez Carrefour.

Poste-Scriptome. C'est pas la peine de m'écrire pour me dire que j'ai oublié les Capricorne. Je le sais. Mon fils est Capricorne et pour moi, la famille c'est sacré.

Les enseignants
le cul le dos de

en ont plein
vous, bande

Horst Tappert XVI

Hello. Goedendag. Bonjour. Ciao a tutti. Tiens, voilà que je fais comme le pape. Je dis bonjour dans toutes les langues. La différence, c'est que moi je le pense vraiment tandis que lui, il s'en fout royalement. En tout cas, il a l'air de s'en foutre. Il semble aussi pénétré par son rôle que feu Horst Tappert l'était par celui de Derrick, c'est-à-dire peu. Il faut reconnaître que quand tu es pape, tu ne peux pas être pénétré par grand-chose. C'est dans ton contrat. Et puis ils sont allemands tous les deux. Il doit y avoir des gènes communs. Mon petit neveu Riri (le frère de Fifi et de Loulou) les confond d'ailleurs régulièrement. Et comme il est très pieux, il tombe à genoux devant le poste à chaque rediffusion de *Derrick* à la télé. C'est dire si ses pantalons sont usés! Et lorsque le célèbre inspecteur enquête avec Harry Klein (magistralement interprété par Fritz Wepper), Riri marmonne des *Je vous salue Marie* tout au long de l'épisode en se signant frénétiquement. En revanche, il lui arrive de suivre la retransmission des bénédictions *urbi et orbi* depuis la place Saint-Pierre de Rome et de me confier que ce n'est pas en restant sur son balcon affublé d'un déguisement aussi voyant que le policier va coincer les malfaiteurs. Mon petit neveu souffre sans doute d'un léger dérèglement des glandes analogiques et du nerf hertzien. Il va falloir le faire examiner. Parce qu'il lui arrive aussi de confondre Laurence Ferrari avec la fille qui joue dans les pubs Maggi. Il ne dissocie pas non plus Nicolas Sarkozy, le prestidigitateur, de Dani Lary, le magicien de chez Patrick Sébastien. Pour ces deux-là, je lui ai dit qu'il y en a un qui réussissait tous ses tours et l'autre pas. Bref, mon petit neveu ne va pas bien et il faudrait que j'en parle à mon beau-frère. Mais mon beau-frère ne va pas bien non plus, il faudra que j'en parle à ma sœur. Mais ma sœur ne va pas bien du tout, il vaut mieux pour elle que je ne lui en parle pas.

QUAND LES ÉCOSSAIS ONT ACCUEILLI BENOÎT XVI
ILS AURAIENT PU ÉVITER DE L'ASSEOIR DANS UN FAUTEUIL EN FORME DE PRÉSERVATIF, QUAND MÊME !

DR

Résolutions d'octobre

Lundi 1er janvier

Mes bonnes résolutions sont prises pour l'année qui commence. Le plus dur, ça va être de les tenir. Ma première décision a d'ailleurs été de m'engager à tenir mes résolutions. La deuxième a été de ne pas me laisser entraîner à prendre des résolutions dont je ne serais pas certain de pouvoir les tenir. La troisième a été de fixer des délais raisonnables de mise en œuvre de ces intentions dans le dessein de me donner le plus de temps possible à la mise en chantier de ce travail sur moi-même. La quatrième et dernière a été de convenir de ne pas éprouver de sentiment de honte ou de regret si je devais, par mégarde, transgresser ces promesses que je me suis faites à moi-même. Voilà donc les quatre grands axes de l'année qui commence. Je l'entame sur des bases nouvelles. Et je me dis que si tout le monde faisait comme moi, la société tournerait un peu plus rond. Mais je ne jette la pierre à personne. Ce que j'ai fait n'est pas facile, je le sais. Et je comprends parfaitement que l'on ne soit pas assez solide pour s'y conformer.

JE ME DEMANDE PARFOIS SI NOUS AVONS EU RAISON D'ACCUEILLIR CE NAIN CHEZ NOUS ?

SOEUR
NOUS A LAISSÉ UN
LA CRÈME ANTI-RIDES

EMMANUELLE
TÉMOIGNAGE POSTHUME

Une bonne pipe en sus

Aaaaah, ces petits plaisirs qu'on s'offre en douce !
Et ce n'est pas Philippe Delerm qui me dira le contraire.

– Traverser la rue sur le passage pour piétons en ne marchant que sur les lignes blanches.
– Marcher dans la rue et faire, sans raison, deux pas en arrière et repartir en avant.
– Dire « Bonjour, le chien » à un animal qu'on croise et qu'on ne reverra sans doute plus jamais.
– Courir sans raison vers les pigeons, pour les faire s'envoler.
– Humer l'odeur du pain qui cuit, devant la boulangerie.
– Entrer dans une bijouterie et demander 150 grammes de jambon cuit.
– Klaxonner sans raison, plusieurs fois de suite, sur l'autoroute déserte.
– Demander son chemin à un agent et partir dans la direction opposée à celle qu'il vous a indiquée.
– Faire la queue à la poste et, arrivé au guichet, dire à l'employé « J'ai oublié ce qu'il me fallait, je vais aller refaire la queue en attendant que ça me revienne », juste pour voir sa réaction.

– Répondre « Bonsoir, David » quand Pujadas dit « Mesdames, mesdemoiselles, messieurs, bonsoir ».
– Implorer une contractuelle de ne pas déposer sous l'essuie-glace la contravention qu'elle venait de rédiger, argumenter, supplier et finalement lui dire que vous, finalement, vous vous en fichez vu que ce n'est pas votre voiture.
– Tirer la langue à un inconnu qui a une sale gueule.
– Gonfler un sac en papier et le faire éclater une seconde avant la finale du 100 mètres.
– Écrire au crayon à papier ses propres jubilations intimes sur une demi-page restée blanche.

....

....

....

....

....

....

....

....

....

....

....

....

....

....

Ce ne sont pas Émile Zola ou Marcel Proust qui laisseraient les lecteurs écrire dans leurs bouquins, je vous prie d'avoir l'obligeance de me croire.

DOCTEUR, JE ME SUIS FAIT UN BLEU

DITES-MOI OÙ VOUS VOUS ÊTES COGNÉE
OU DITES-MOI LEQUEL
JE SUIS TENU PAR LE SECRET MÉDICAL

Superzorro des bois

Et si au lieu de tout critiquer comme on le fait à tout bout de champ, nous positivions un peu ? La situation est désespérée, mais pas si grave que ça ! Et si, pour nous donner du cœur à l'ouvrage, nous feuilletions les feuilletons de notre enfance ? Qu'auraient-ils fait, nos héros, dans de pareilles circonstances ? Croyez-vous que Tarzan aurait laissé déborder les océans ? Pensez-vous que Zorro aurait permis aux industriels de déverser leurs déchets toxiques dans les rivières ? Hercule se serait-il laissé piquer aux anabolisants par son entraîneur ? Alors, où sont-ils tous ces sauveurs de l'humanité ? N'y en a-t-il plus un seul pour faire barrage contre le mal ? Où êtes-vous Rintintin, Superman, Kit Carson, Dick Tracy, Astérix, G.I. Joe ? Bon, j'ai compris. Vous êtes usés par trop d'efforts. Mais alors, si les jeunes premiers de nos débuts ne sont plus sur le pont pour assurer notre salut, ne pourrions-nous pas faire appel aux seconds couteaux : tous ces héros de substitution qui n'ont jamais occupé le haut de l'affiche, mais qui n'en débordent pas moins de qualités. On les connaît peu, c'est vrai, mais ils n'en ont pas pour autant moins soif d'exploits que leurs valeureux confrères. Ils ont pâli à l'ombre des grands, mais quelques actions d'éclat pourraient leur redonner ces bonnes joues rouges que nous aimons leur voir arborer.

Avons-nous oublié Ducon des Bois qui tendait des embuscades aux riches voyageurs et leur prenait tout ce qu'ils avaient ? Ensuite, comme ces malheureux n'avaient plus rien (puisqu'il leur avait tout pris), Ducon des Bois leur rendait le butin, et repartait au galop dans la forêt en faisant *yahoo tagada tagada*. Godefroi de Bouillon Kub qui envisagea de prendre les Infidèles à revers et partit vers l'ouest pour délivrer Jérusalem. Il noya toute son armée au large d'Ostende. Worro, le justicier wallon, accompagné de Bernardo, son fidèle serviteur sourd, muet, aveugle et paralysé qui a toujours été pour lui une charge plutôt qu'autre chose. Et Thierry l'Affront qui disait des choses tellement blessantes à tous ceux qu'il croisait qu'ils ont fini par lui péter la gueule. Hercule Poireau qui, pour faire avouer les coupables, faisait cuire de la soupe 24 heures sur 24, empestant le voisinage à des kilomètres à la ronde. Dick Ea, qui ne se laissait jamais démonter. Iva Noé, qui, un jour de pluie, persuadé que le Déluge était revenu, construisit une arche de bois pour y embarquer sa collection de termites. On ne l'a jamais revu. Le club des 555 qui voulut faire comme les héros d'Enid Blyton, mais se heurta à des problèmes d'intendance liés au nombre de membres. Rien que pour *Le Club des 555 en vacances*, c'était le bordel : où trouver un camping qui puisse accueillir 222 tentes et 111 chiens qui font leurs besoins partout ? Alors, imaginez *Le Club des 555 en bateau* ou *Le Club des 555 à la piscine*. Il n'y en a qu'un qui était bien, c'était *Le Club des 555 et les 40 voleurs de bicyclettes*. Où sont-ils, Lady Commandement et Superman'eken Pis qui urinait sur tous les méchants ? Vous nous manquez, tous autant que vous êtes, il faut que vous le sachiez où que vous soyez ne le sachant pas.

L'ADDICTION SEXUELLE

EST UNE MALADIE

À mort la mort

Je n'ai jamais aimé les morts. D'abord, je les trouve froids et distants, ensuite, ils m'emmerdent copieusement. Je ne prends aucun plaisir à les fréquenter. Dieu* sait si j'ai aimé certains d'entre eux quand ils étaient vivants, mais dès qu'ils ont cessé d'être, je me suis désintéressé d'eux. C'est comme s'ils n'existaient plus pour moi. Je ne dis pas que je me précipite sur mon portable pour effacer leur nom et leur numéro dès l'annonce de leur décès, mais je ne traîne pas non plus. Les vivants me plaisent parce qu'ils sont chauds et qu'ils sentent bon, mais les autres tout raides, non merci. Je n'arrive pas à m'attendrir sur 60 ou 80 kg de viande froide, même si une semaine plus tôt je buvais des coups en sa compagnie. Vivant, je l'aimais, mort, il ne me plaît plus du tout. Et je ne lui fais aucun reproche, il n'y peut rien. Un mort n'est pas responsable d'être mort. Un vivant, à la rigueur, peut endosser la responsabilité de risquer sa vie, voire de se donner la mort, mais une fois mort, il n'y peut plus rien. D'ailleurs, les actions judiciaires ne s'éteignent-elles pas au décès de l'intéressé ? Le problème du mort, c'est qu'il n'est personne. Vivant, il était quelqu'un, de bien, de pas bien ou

de remarquable, et à la seconde même où il cane, il n'est plus personne. Et je n'arrive pas à éprouver de la sympathie pour des gens qui ne sont personne.
– Mais alors, dites-nous, votre maman disparue il y a quelques années, vous ne l'aimez donc pas ?
– Franchement, non.
– ... ?
– Ben non. Je n'aime pas ma mère morte. Vivante, je l'ai aimée plus que tout. Vieille et malade, je l'ai chérie. Mais sitôt qu'elle a rendu son dernier soupir, j'ai rompu toute relation. Ça ne m'intéressait plus.
Et j'en profite pour prévenir tous mes amis : voyons-nous tant que vous palpitez. Après, ne comptez plus sur moi.

* Lui, je m'arrange toujours pour le citer en début de phrase, ça m'évite de devoir me poser la question de la majuscule ou pas.

LE DÉNI DE GROSSESSE

LES GRANDES MARQUES DE CONGÉLATEURS RÉAGISSENT

EST EN AUGMENTATION

Y a-t-il un proctologue dans la salle ?

Ouvrir l'emballage par un côté (ou l'autre). Disposer le contenu sur un endroit propre et sec. Visser la partie B sur la partie A au moyen de la clé jointe. Retourner l'ensemble (B en bas, A vers le haut). Vous obtenez la forme comme sur le dessin (fig. 2). Sans toucher à l'encoche C, enfoncer la pointe D et appuyer fortement.
Avant l'utilisation : remplir le réservoir E au moyen de la pipette F. Il est important de respecter les doses prescrites. Bien laver après l'usage.
Nous vous souhaitons beaucoup de satisfaction avec votre nouveau suppositoire réutilisable®.

FAITES PASSER
OHOOOH ! ÇA SE FUME ?
NON, ÇA S'INTRODUIT
... À TOUR DE RÔLE
ÇA ÊTRE SUPPOSITOIRE SACRÉ

CHEZ LES LIMACES
EST UN

AUSSI, LA MYOPIE
HANDICAP

In memoriam mon pneu

Après les cimetières pour humains et les cimetières pour animaux, un entrepreneur avisé crée un nouveau lieu de recueillement : le Dingkerkhof®, le cimetière pour choses. Vous pouvez y faire ensevelir, contre paiement, tout objet que vous avez particulièrement aimé et qui est tombé définitivement en panne. Il est possible d'obtenir un permis d'inhumer de 2, 5 et 10 ans ou une concession à perpétuité pour les appareils qu'on aimait par-dessus tout. Les familles peuvent désormais rendre hommage à ces instruments qui leur ont tant facilité la vie en fleurissant la sépulture de leur cher objet regretté chaque 22 novembre, devenu le jour des choses. Depuis l'inauguration, les demandes affluent et le marbrier du petit village croule sous les commandes. Son sculpteur grave du matin au soir des épitaphes plus émouvantes les unes que les autres : *À notre frigo bien-aimé 1964-1982. À mes lunettes accidentellement cassées le 21 juillet 1983. Ici repose notre mixer vénéré. Nous ne t'oublierons jamais.* Une messe peut être dite et chantée par un ecclésiastique attaché au Dingkerkhof®. La cérémonie a lieu dans un Temple de la Consommation, ces chapelles construites sur le modèle d'une grande surface. La famille et les proches se réunissent devant l'autel tandis que les employés des Choses Funèbres amènent le défunt dans un Caddie. Il est possible d'obtenir la crémation du disparu (s'il est en bois ou en tissu) et dans ce cas, les cendres sont remises aux propriétaires le jour même. On a déjà pu assister à des scènes d'une rare émotion au Dingkerkhof®: Mme F. est tombée en syncope lorsqu'on a jeté les premières pelletées de terre sur son fer à repasser Nova. *Je n'en retrouverai jamais un aussi bon*, a-t-elle bégayé avant de perdre connaissance. Vu le succès du projet, Axel V. s'est dit prêt à ouvrir des cimetières pour objets à travers toute l'Europe. Rappelons cependant aux moins fortunés qu'il est parfaitement possible de faire inhumer leurs choses dans la fosse commune pour un prix raisonnable, c'est un peu moins prestigieux et ça s'appelle les grosses poubelles.

APRÈS L'ÉRUPTION DE
LES MARCHANDS D'ASPIRATEURS NAVIGUENT VERS L'ISLANDE

L'EYJAFJÖLL

Beatles ou paprika ?

Le monde évolue, certes, mais allons-nous dans le bon sens ? Ne prenons qu'un seul exemple : les chips. Avant, on avait le choix entre deux sortes : les chips au sel pour les gens normaux et les chips paprika pour les zazous, les communistes et les originaux. Et tout était bien dans le meilleur des mondes. Actuellement, on croit rêver : ils nous font des chips de toutes les formes et de tous les goûts. Cela va du Schtroumpf bolognaise à l'étoile de Shérif aux oignons et au fromage, herbes de Provence, bacon, pickles ou tomate. Et moi je vous dis : où va-t-on ? Est-ce qu'on était plus malheureux avant ? Non, monsieur ! Avant, on était content de ce qu'on avait car tout allait par deux, on choisissait et on pouvait s'estimer satisfait quand on avait un des deux. Avant, monsieur, on choisissait entre Tintin et Spirou, entre Brel et Brassens, entre cow-boys et Indiens, Folon et Vasarely, Russes et Américains ; on était de gauche ou de droite, on allait à la mer ou à la montagne, on nettoyait à l'Ajax ou au savon noir, on allait au restaurant chinois ou italien. À l'époque, monsieur, quand on était enfant, on avait un long pantalon pour l'hiver et un short pour l'été, un peigne

ou une brosse, on était catholique ou pas, on regardait la Une ou la Deux. Aujourd'hui, cet esprit binaire a disparu, les gens zappent d'une chaîne à l'autre, se choisissent dix sortes de bonbons au poids, ils écoutent Madonna et Vivaldi, Doc Gynéco et Claude François, des Noirs épousent des Juives et les communistes chinois font plus de fric que les traders de Wall Street. Alors moi, je veux bien tout ce qu'on veut, mais si ce sont les végétariens qui se mettent à faire la loi, je me demande où va aller le monde ? Et si c'est le bordel qu'on souhaite, très bien, continuons comme ça !
Mais n'oublions jamais que quand on veut marcher, on avance le pied gauche ou le pied droit, pas les deux en même temps. Et rappelons-nous qu'au commencement étaient le sel et le paprika.

JE JURE DE DIRE TOUTE LA VÉRITÉ, RIEN QUE LA VÉRITÉ !
EUH... JOHNNY, CE N'EST PAS LA BARRE, C'EST TON DÉAMBULATEUR

Des Noirs blacklistés

La Fédération française de football a-t-elle vraiment dit qu'il faudrait qu'il y ait moins de Noirs et d'Arabes dans ses équipes ? C'est vrai qu'il y en a plus sur le terrain que parmi les instances dirigeantes. Mais si on commence à raisonner comme ça, on se met très vite à déraper. Souvenons-nous qu'à une époque pas si lointaine, les Bleus étaient à peu près tous juifs : Barthezenstein, Zidanovitz, Lizarabloem, Deschampszenveld, Thuramenberg, etc. À cette époque, la presse antisémite s'en était donné à cœur joie. « Ils sont partout ! », « Est-il normal que la France doive sa Coupe du monde à des fils d'Israël ? ». Reconnaissons qu'il est indigne d'ainsi communautariser le sport. Peu importe la couleur de la peau de celui qui a marqué le but, après tout. L'important est de niquer la gueule à l'adversaire, comme le disait le baron Pierre de Coubertin en privé.

Les Noirs courent-ils plus vite que les Blancs ? Les blondes sautent-elles plus haut que les autres ? Plus souvent, certes, mais pas plus haut, je ne peux pas le croire.

Il faut arrêter de classifier les athlètes selon la couleur de leur épiderme, c'est insupportable. Même s'il faut bien reconnaître que c'est souvent pratique pour les distinguer de loin. Lors d'un match de la Coupe du monde, je m'excuse beaucoup, mais quand on a la chance d'assister à une rencontre opposant la Suède au Zimbabwe, on n'a aucun mal à situer les deux équipes. Pareil pour un match de tennis entre Venus Williams et Maria Sharapova, je suis désolé, même au dernier rang des gradins, on sait toujours qui est qui. Beaucoup plus nettement que quand Venus affronte Serena. Il y a un côté pratique dans la couleur de la peau qui n'existerait pas si nous étions tous roux avec des grosses moustaches. Bien sûr, et c'est là que le bât blesse (comme me le disait un marchand de chaussettes qui avait des lettres), les policiers dans les rues (et Éric Zemmour à la télé) tiennent le même raisonnement : le délinquant est plus facile à repérer puisqu'il est plus souvent noir ou bronzé que blanc pâle. Et c'est cela qu'il nous faut combattre : l'idée que la couleur de la peau ait un quelconque rapport avec le comportement. Si c'était le cas, ce serait l'effet inverse du bifidus dont on sait que ce qu'il fait à l'intérieur se voit à l'extérieur. Non, le teint n'a aucune influence sur la beauté intérieure des êtres. Et ce ne sont pas des avocats marrons qui me diront le contraire.

FEMME DE DICTATEUR

UN VRAI MÉTIER !

Aaaah ? Ha ! Ha ! Ha !

Comme je n'aime pas bien l'humour corporatiste ! Je veux parler de l'humour propre à un métier et dans lequel se reconnaissent tous les confrères, mais que eux. Certes, il y a des choses pires au monde : tomber dans une cuve d'acide sulfurique bouillant, avaler du verre pilé, se couper les poils du nez à la tronçonneuse, glisser sur un toboggan garni de lames de rasoir, se faire empaler sur la tour de l'hôtel de ville de Bruxelles en écoutant l'intégrale de Sheila et Ringo, mais arrêtons là cette escalade dans l'horreur. Parlons plutôt de ces informaticiens qui se tordent de rire entre eux à l'évocation d'un HP452 dans lequel le protocole DTMF (remote digital loopback) se retrouve nez à nez avec un V.42 (MNP 2-4) ! Eux, ça les fait s'étouffer, moi, ça me laisse froid (comme me le disait un médecin légiste à la morgue de l'hôpital d'Oulan-Bator). Il y a aussi l'humour des musiciens classiques qui arrivent à se rouler par terre lorsque l'un d'entre eux joue le début de l'Allegretto con moto du *Concerto pour violoncelle et orchestre n° 1 en do mineur, opus 33* de Saint-Saëns en remplaçant les doubles croches par des noires syncopées. Eux, ça les explose, moi, ça m'accable un tantinet. J'ai vu aussi des météorologues s'hilarer en se donnant de grandes claques dans le dos parce que l'un d'eux avait proposé aux autres une tasse de thé avec un cumulus de lait; « Orage, ô désespoir » avait ajouté un autre. Tandis qu'ils se gondolaient et toussaient à en devenir cramoisis. J'ai préféré quitter la pièce.

N'oublions pas dans notre hargne l'humour des médecins, des gendarmes, des mathématiciens ou des représentants de commerce, ils sont tous à mettre dans le même panier. L'humour professionnel, corporatiste, technicien m'insupporte. « Mais, » me direz-vous, « voulez-vous dire par là que l'humour serait réservé à une caste ? ». « Bien sûr que non », vous répondrai-je, « car je ne suis pas loin de croire, comme vous, que l'humour professionnel des professionnels de l'humour est, lui aussi, régulièrement crispant. » « Mais alors que faire ? » ajouterez-vous. « Il n'y a rien à faire, je le crains », conclurai-je. Peut-être me suis-je énervé trop vite ?

CHIEN D'AVEUGLE

CHIEN DE MUET

L'histoire de Chaval

C'est mon amie Bérangère Casanova qui m'a un jour dit: « Mais pourquoi tu ne l'écris pas ? » Elle parlait d'une histoire inédite de Chaval que m'avait un jour racontée le grand Carelman (Le Catalogue d'objets introuvables) à qui Chaval l'avait lui-même racontée sans avoir eu le temps de la coucher sur papier.

L'histoire se passe dans une famille modeste du nord de la France, dans les années 1890. Le père est mineur, la mère élève leurs cinq enfants de 10, 6, 4, 3 et 2 ans avec les maigres moyens du bord. Vers la fin du terrible hiver de 1892, la maman est emportée par une pneumonie, laissant un veuf éploré et cinq orphelins. Au retour du cimetière, dans la misérable chaumine, le père, assis au coin du feu éteint, sanglote et se demande comment il va pouvoir s'occuper de ses petits en continuant à travailler aussi dur. C'est à cet instant qu'il sent un petit bras entourer tendrement son cou et une petite voix lui chuchoter à l'oreille : « Ne t'en fais pas, mon Papou, je suis grand maintenant, j'ai 10 ans et c'est moi qui m'occuperai désormais de mes petits frères et sœurs pendant que tu iras travailler à la mine. » Le

père, bouleversé par la décision de son fils, s'en retourne courageusement arracher de la houille aux entrailles de la terre. Lorsqu'il rentre à la maison le premier soir, sous la pluie, harassé de fatigue, il trouve un logis propret et une soupe fumante sur le poêle. Le petit avait passé sa journée à chercher du bois dans la forêt, trouvé quelques pommes de terre et un navet, et réussi à préparer un potage, maigre sans doute, mais chaud. Et le papa avait dîné, entouré de ses cinq petits, les yeux embués de larmes, avant de s'écrouler sur la paillasse pour repartir au travail dès les premières lueurs de l'aube. Le lendemain, ce fut pareil : la soupe cuisait avec un morceau de lard cette fois. Et chaque jour, il semblait que le petit garçon réussissait un tour de force supplémentaire : nettoyant la maison de fond en comble, reprisant les vêtements de ses frères et sœurs, cultivant au jardin deux ou trois légumes, gérant le peu d'argent que le père rapportait au logis. L'été passa et le petit qui venait d'avoir 11 ans retourna même à l'école, se disant que plus tard, s'il était instruit, il trouverait sans doute plus facilement un travail pour pouvoir venir en aide à sa famille. Émou par tant de courage, le papa fit venir son fils auprès de lui et dit ceci :
– Tu as été tellement formidable pour nous tous depuis la mort de ta pauvre maman que je voudrais t'exprimer ma gratitude en t'offrant un cadeau pour Noël (qui approche.)
– Mais Père, c'est une folie ! Nos maigres moyens financiers ne nous permettent pas ce genre de dépense et je ne voudrais pas qu'à cause de moi, mes frères et sœurs ne puissent pas manger à leur faim…
– Ce ne sera pas un problème, je te le promets. J'ai ma petite idée. Dis-moi, il y a bien quelque chose qui te ferait plaisir ? Quelque chose qui te fait rêver ? Quoi ?
– Eh bien, tu sais, quand nous partons à l'école, nous passons chaque matin devant la vitrine d'un magasin. J'y vois un petit manteau qui a l'air si chaud que je ne peux

m'empêcher d'en rêver.
– Eh bien, nous verrons cela... dit le père.
Et dans les semaines qui suivirent, le papa demanda à son chef d'équipe l'autorisation de faire des heures supplémentaires. Il partait à l'aube et rentrait plus tard le soir.
Son fils, touché par tant de courage, se dépensait lui aussi sans compter. Lorsque ses petits frères et sœurs étaient couchés, il repartait dans la forêt chercher du bois mort pour alimenter le poêle familial. Le père voyait bien que son fils faisait tout ce qu'il pouvait et même davantage, et ça lui donnait du cœur au ventre pour effectuer des journées de quatorze, voire de dix-sept heures... Le père trimait à la mine jusqu'à l'épuisement pendant que le garçon grattait les bas-côtés de la voie de chemin de fer pour y récolter quelques morceaux de charbon tombés des convois. Et Noël arriva. Le père avait, au prix d'efforts surhumains, réussi à économiser de quoi acheter un petit quelque chose à chacun des cinq orphelins. Et au matin du 25 décembre, ils déballèrent leurs paquets au pied du sapin décoré à la va-vite. Et le fils aîné découvrit dans le sien le petit manteau dont il avait rêvé chaque soir. Il se jeta dans les bras de son père en le serrant de toutes ses forces. Ce mois de décembre était froid, mais son manteau était si chaud qu'il ne le quittait plus. Et début janvier, les vacances étant terminées, la petite troupe retourna à l'école. Le soir, lorsque les enfants rentrèrent après les cours, le père s'étonna :
– Où est donc passé ton manteau ?
– Ah ! Mon manteau ! Eh bien, figure-toi que ce matin, à la récré, je bavardais avec des camarades dans la cour lorsque j'aperçus un enfant peu vêtu qui grelottait sous la neige en me regardant. « C'est mon manteau que tu regardes, petit ? » lui dis-je. Il secoua la tête de haut en bas ! « Tu aimerais avoir toi aussi un joli manteau bien chaud comme celui-ci ? » Il fit un autre signe « oui » tandis que ses yeux s'embuaient.

– À cet instant, Papa, j'ai eu trop pitié de ce petit bonhomme et je lui ai donné mon manteau.
Alors, le père, le regard grave, fit signe à son fils de s'approcher. Il lui posa la main sur l'épaule et dit en le regardant droit dans les yeux:
– Toi... Tu me fais chier.

EN 2008, JOSEF FRITZL NOUS

PRÉSENTAIT SES ENFANTS

Des crêpes à la Sainte-Suzette

Et pourquoi ne mangerait-on pas des crêpes à Noël et de la bûche à Pâques, pour changer? Pourquoi n'offrirait-on pas du muguet le Mardi gras et des œufs à la Chandeleur? Pourquoi ne se déguiserait-on pas, le jour de la fête nationale (on me signale que certains le font déjà, en militaires, mais je leur rétorquerai que la foule venue les acclamer ne leur lance cependant pas de poignées de bonbons comme ça se pratique à Halloween)? Pourquoi ne dégusterait-on pas la galette des rois sur la tombe du Soldat inconnu? Et pourquoi ne servirait-on pas de l'agneau à la Toussaint et ne sucerait-on pas la racine des pissenlits tant qu'on est vivants, pour voir le goût que ça a? À quand la choucroute de l'Ascension, l'île flottante de la fête du Travail, le jambon-beurre de la journée de la Femme, le flan du 14 Juillet, la moule de l'Assomption, le waterzooï du 11 Novembre et le boudin de la Saint-Valentin?

– Que dites-vous?

– ...

– Celui-là était de trop? Désolé...

REGARDEZ CE QUE MAMAN A PRÉPARÉ POUR PÂQUES !
DU LAPIN MORT !
CHOUÊÊÊTTE, DU LAPIN MORT !

LA BURQA EST-ELLE

UNE FATALITÉ ?

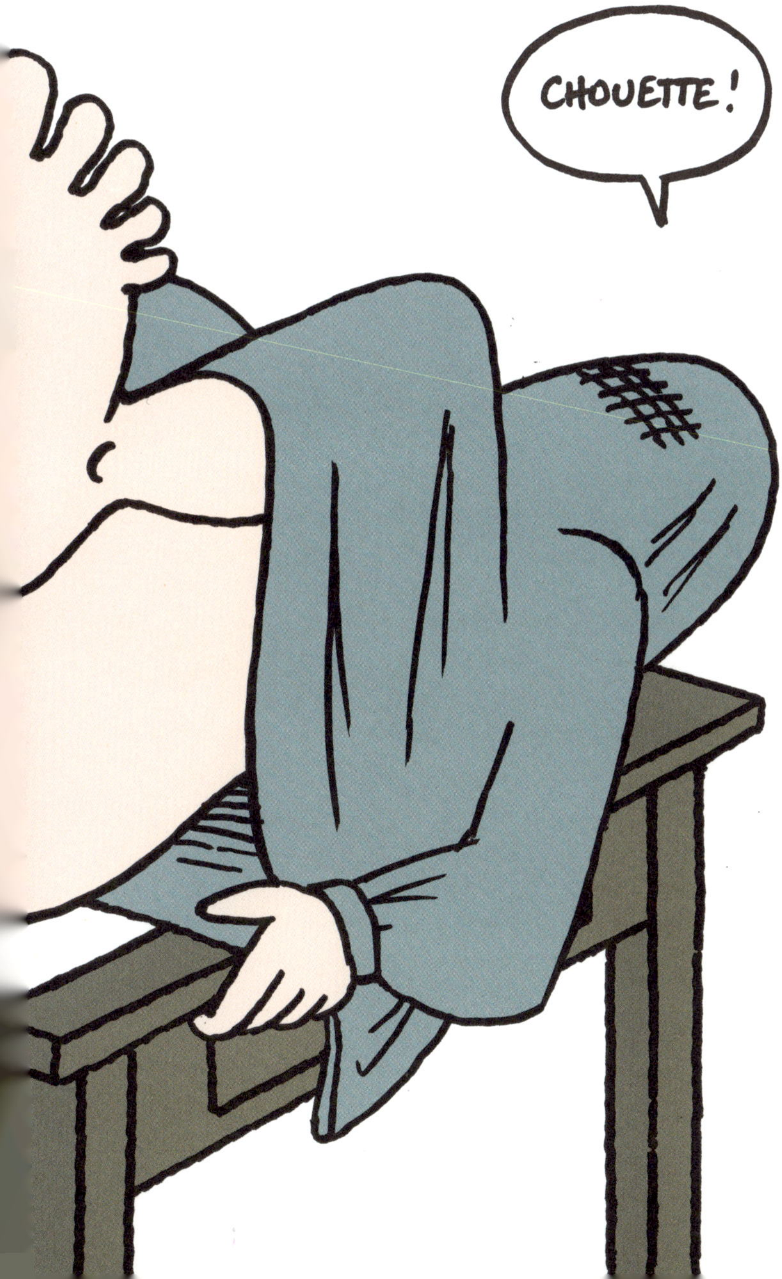

Adam, Ève et Machin

J'aimerais avoir aujourd'hui une pensée pour tous ces anonymes qui ont – un jour – frôlé la gloire sans jamais parvenir à la notoriété. De ces presque célèbres, on pourrait dire qu'ils ont loupé le coche, qu'ils ont raté la marche ou qu'ils sont passés de justesse à côté d'une illustre destinée qui les aurait installés pour les siècles des siècles aux côtés de Louis XI, de Michel-Ange, d'Eddy Merckx et de Monsieur Propre. Je tiens à rendre hommage ici à ces hommes et à ces femmes qui sont passés inaperçus aux yeux de l'histoire alors qu'ils étaient bien présents, mais juste à côté d'où il fallait, un poil trop tôt ou une seconde trop tard. Les ingrédients étaient pourtant là, mais la mayonnaise de la renommée n'a pas pris. Je pense notamment au huitième mercenaire, au treizième salopard ou au quatrième lancier du Bengale. Ayons une pensée pour le cinquième mousquetaire, pour le onzième commandement et pour Patapouf, le quatrième roi mage qui portait les valises et qui a perdu les trois autres en route. Citons également l'homme qui se trouve juste hors cadre (à droite) lors de la prise de vue de la célèbre photo du baiser de l'hôtel de ville de Doisneau;

on ne saura jamais qui c'était et il semble désormais impossible de retrouver sa trace. D'ailleurs, quand bien même le pourrait-on, qui cela intéresserait-il ? Enfin, ultime injure ou ultime hommage ? Je voudrais m'incliner respectueusement devant tous ceux que je n'ai même pas cités dans ces pages et qui doivent se dire que leur jour de gloriole n'était décidément pas non plus pour aujourd'hui.

LES DESSINATEURS SONT
VOUS AVEZ TOUT DE MÊME DIT DU PLAIGNANT QU'HITLER ÉTAIT UNE LOPETTE À CÔTÉ DE LUI, ET DE SA MÈRE, QUE SI LA BASILIQUE ST-PIERRE AVAIT ÉTÉ AUTANT VISITÉE QU'ELLE, ON AURAIT DÛ EN AGRANDIR L'ENTRÉE

DE SACRÉS VEINARDS

La prison chez soi

Certains pays n'arrivant plus à gérer le nombre de prisonniers commencent à ne plus condamner à de la réclusion ferme les auteurs de menus larcins et préfèrent les laisser en liberté. D'autres, comme la Belgique, ont choisi de sous-traiter les séjours pénitentiaires de leurs détenus aux Pays-Bas. Le problème pour l'État est que ça coûte horriblement cher, et le problème pour les taulards est qu'ils préféreraient purger leur peine au bagne d'Ibiza ou de Capri plutôt que dans celui de Tilburg. Mais quelqu'un a-t-il vraiment réfléchi à cette problématique ? Ils sont tous cons ou quoi ? N'y a-t-il pas une solution autre que la privatisation (vers laquelle certains semblent lorgner) ? Faut-il choisir entre laisser courir les délinquants ou leur payer des séjours à l'étranger à 5 000 euros par mois ? Bonne nouvelle, cette solution existe. Elle s'appelle « la prison à domicile ». Le principe est simple : d'honnêtes familles de chez nous s'engagent à détenir un condamné pendant toute la durée de sa peine chez elles. Il suffit de procéder à quelques aménagements domestiques tels que placer des barreaux aux fenêtres, blinder les portes et faire clôturer le jardin de barbelés électrifiés de 3 mètres de haut. Le mirador serait réservé aux jardins les plus grands. Si on y réfléchit bien, cette mesure ne présente que des avantages : le détenu vivra son incarcération dans une ambiance familiale favorisant la réinsertion future, il pourra aider la maîtresse de maison dans les tâches ménagères et les enfants à faire leurs devoirs. Le week-end, il tondra la pelouse et, en général, sera un compagnon idéal pour les jeux de société. Grâce à lui, plus besoin de baby-sitter, ni d'alarme pour se prémunir des cambrioleurs. Il ne pourra, bien sûr, effectuer aucune tâche extérieure comme promener le chien, faire les courses ou aller déposer de l'argent à la banque. Selon le degré de dangerosité du pensionnaire, il faudra évidemment adapter le degré de protection et le règlement intérieur. Ceux qui abriteront un tueur en série condamné à perpétuité prendront garde à fermer à double tour leur chambre à coucher pendant la nuit. Ceux qui logeront un pédophile récidiviste éviteront de le laisser jouer avec les enfants. Et ceux qui hébergeront un cleptomane veilleront juste à vérifier régulièrement le contenu de l'armoire à clés et celui de la niche du clebs.

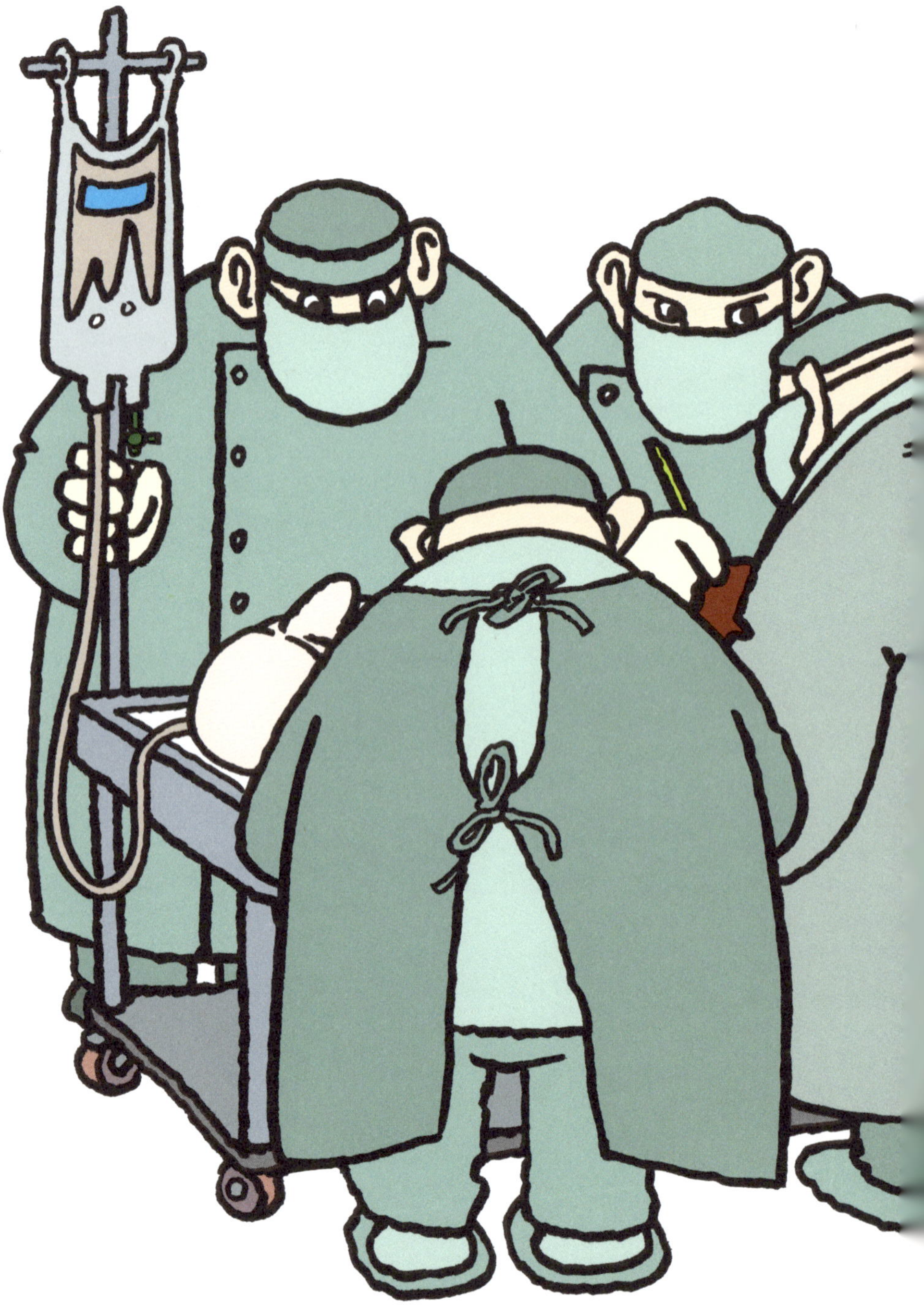

PIOCHE
...

Demain, j'enlève le gras

La publicité nous prend-elle pour des cons ? Voilà une question que certains d'entre nous se posent parfois. Rassurez-vous, j'ai la réponse. Et si je dis ça ce n'est pas à la légère, vous vous en doutez, je suis allé vérifier sur place. Je suis en mesure d'affirmer aujourd'hui devant Dieu et les hommes que la publicité ne nous prend pas pour des cons, au contraire. J'ai essayé le nouveau Dash liquide et il pénètre vraiment jusqu'au cœur du linge alors que l'ancienne formule, si elle pénétrait bien dans le linge, n'allait pas vraiment jusqu'au fond du cœur de la fibre. J'ai goûté pour vous la nouvelle mayonnaise Calvé light et je suis bien obligé de reconnaître qu'elle est vraiment plus légère que l'ancienne formule (qui était déjà très légère, mais un petit peu moins quand même). Je n'ai pas testé mais constaté le pouvoir absorbant des Pampers nouvelle formule avec microcapteurs. Et ça, mes amis, c'est franchement hallucinant, et tout à coup, on n'a plus envie de rigoler parce que quand on a vu de ses yeux vu ce que j'ai vu de mes yeux vu, on se sent tout à coup très humble. On a le sentiment, comment dire… d'avoir eu la révélation, oui c'est ça, d'avoir été choisi pour témoigner devant les générations à venir. Eh bien figurez-vous que la semaine dernière, je roulais der-

rière un semi-remorque Tampax le long du lac de Genval lorsque le camion fit une embardée et plongea dans les flots. Je me suis précipité pour venir en aide au chauffeur qui s'extrayait de sa cabine, je lui ai demandé depuis le bord s'il savait nager. Il a dit non, mais avait l'air très calme et c'est là que j'ai compris : en quelques minutes, les tampons avait absorbé toute l'eau du lac et le chauffeur a pu rejoindre la rive en marchant. À cet instant, les nuages se sont écartés, le soleil m'a ébloui, je suis tombé à genoux et j'ai prié. J'ai imploré le Seigneur de me pardonner d'avoir quelque fois été soupçonneux et d'avoir persiflé. Je l'avoue, il m'est arrivé d'avoir douté des démonstrations télévisuelles de la véritable efficacité de Canard WC, d'avoir suspecté le bifidus de n'être pas aussi actif qu'on me le disait ou d'avoir craint un instant que les crèmes amincissantes ne réduisent davantage l'épaisseur du portefeuille que celle des hanches. J'étais aveuglé par le doute et j'en demande pardon devant vous tous.
Le plus important n'est pas de se tromper, mais de pouvoir s'amender (comme me le disait le porte-parole des évêques pédophiles de Belgique).

QU'EST-CE QUI TE FERAIT PLAISIR MA CHÉRIE ?
TOUT

Le Père Noël n'est plus

Père Noël est venu nous déposer des tas de trucs inutiles dans nos petits souliers. Et qu'est-ce qu'on lui dit? C'était pas la peine! T'aurais mieux fait de nous filer du pognon, c'est ça qui nous manque! Il a à peine tourné le coin de la rue avec son traîneau que voilà que se pointe Père Nouvel An. Lui, il ne se fait pas suer comme l'autre. On a beau lui envoyer toutes les lettres qu'on veut, c'est Monsieur qui décide. Tu voulais une perceuse? Tiens, voilà une nouvelle année. Et toi, petit, tu aurais aimé recevoir la Nintendo que ce salaud de Père Noël a encore oublié de t'apporter? Tiens, voilà douze mois, pour toi aussi. C'est à se demander si nous ne serions pas tous égaux devant Père Nouvel An? Fils de riche ou de péquenot, tous le même cadeau: 365 jours et basta. Et s'il y en a qui ne sont pas contents, c'est le même prix! Père Nouvel An est à l'économie collectiviste ce que Père Noël est au capitalisme. Chez les nantis, le 25 décembre: «Oh, une Rolex! Encore ! Eh bien, celle-là, je la porterai le samedi et ça m'en fera une pour chaque jour! Ha! Ha!». Chez les autres: «Tiens, une chaussette?», «Au moins, ça te sera utile, avec celle que tu as reçue l'an dernier.» Avec Père Nouvel An, c'est l'égalitarisme: «Voilà, vieux, ton cadeau.»

« Ça alors, les médecins ne me donnaient que trois mois et vous, un an ! Merci, Père Nouvel An ! ». Père Épiphanie, il est comme l'autre, il récompense selon les mérites du compte en banque : une galette industrielle à l'huile de palme aux uns, une galette pur beurre aux autres. Le pauvre se casse une dent sur la fève, après quoi, avec celles qui lui restent, il mastique tristement son gâteau en sirotant du cidre tiède, la couronne posée de travers sur sa tête. Le riche, lui, place sa galette sur un compte en Suisse et c'est comme ça qu'il fait son beurre. Plus tard arriveront Père Mardi gras (on ne sait pas très bien à quoi il ressemble vu que chaque année il porte un déguisement différent), Père Pâques qui a de grandes oreilles et deux incisives proéminentes, par pure cruauté, élève des lapins dont il arrache les entrailles avant de les farcir de chocolat. Son forfait accompli, il les enterre dans des jardins, mais les enfants les retrouvent et, souvent, se les approprient. Nous aurons tout juste le temps d'évoquer Père Ascension, Père Fête des Mères, Père Fête des Pères, qui veillent à ce que tous les enfants pensent à remercier à date fixe leur Maman et leur Papa de leur avoir permis de connaître un jour la pollution atmosphérique, l'encéphalite spongiforme bovine et le poulet à la dioxine. Père Rentrée des Classes ne mérite que notre mépris. Ensuite, les marrons tombent des arbres, les feuilles se mettent à jaunir et les pluies d'automne reviennent, amenant avec elles Père Toussaint, Père Trépassés et Père 11 Novembre qui apportent la joie à ceux qui attendent que se libère une place à l'hospice. Dans la nuit du 5 au 6 décembre, les enfants qui n'ont pas été sages tremblent car Père Saint-Nicolas viendra leur déposer dans la cheminée des oranges traitées aux pesticides et des tas de jouets de merde qui tomberont en panne dans les trois jours. « Et aux enfants sages ? » me direz-vous. « La même chose. Ça leur apprendra à croire à des conneries pareilles. »

OUULA ! DÉSOLÉ, MESSIEURS, MAIS VOUS ARRIVEZ TROP TÔT ! ELLE N'EST QU'À HUIT MOIS...
CELA DIT, SI ELLE N'A PAS ACCOUCHÉ LE 24 DÉCEMBRE, ON PROVOQUE

Faut-il sauver le monde ?

Quand je pense que quand j'étais petit, on m'envoyait chercher le pain avec le sac en papier qui avait servi la veille et encore la veille. Parce que sinon, on aurait dû en payer un nouveau, mais surtout parce que ça aurait été bête de jeter un sachet qui pouvait encore servir. Même chose pour les bouteilles de lait ou de yaourt qu'on rinçait soigneusement (spoel mij a.u.b.) et qu'on rapportait au laitier ; le légumier, lui, vous mettait les fruits en vrac dans le cabas, et le poisson, on l'emballait dans du journal. À cette époque bénie, on ne jetait pas trois Kleenex au moindre éternuement, mais on se mouchait dans des grands mouchoirs en tissu, tant qu'on y trouvait quelques centimètres carrés bien secs. Dans ces années-là, on reprisait les chaussettes trouées au lieu de les jeter et on portait les vêtements du premier-né devenus trop petits (les vêtements) parce que devenu trop grand (l'aîné). Et bizarrement à cette époque-là, on avait assez de tout, mais trop de rien. Et on se disait que ça durerait toujours. On pensait que le Russe ferait éternellement la queue devant ses magasins vides, que l'Indien et l'Africain continueraient à crever de faim avec le sourire, que le Chinois habillé d'une veste bleue ne descendrait jamais de son vélo pour essayer de devenir riche et que l'Arabe serait bien content de nous vendre son pétrole à prix coûtant en nous disant « Merci, mon z'ami ! » En fait, le voilà le vrai problème : ce sont les pauvres qui veulent faire tout pareil que les riches. Tant que l'automobile, l'avion, l'alimentation de qualité étaient réservés à une élite, nous ne connaissions pas tous ces problèmes. Eh oui, mes amis ! Imaginons un instant un monde sans pauvres. Ce serait le paradis sur terre ! D'ailleurs, Adam et Ève avaient-ils des problèmes d'argent ? Non. Et c'est bien la preuve. Si on observe la société, on s'aperçoit très vite que le pauvre est presque toujours quelqu'un qui se plaint. « Et gnagnagni, c'est pas facile tous les jours, et gnagnagna je ne mange pas à ma faim très souvent. » En un mot, le pauvre est un geignard. Mais se rend-il compte que le riche fait preuve d'un courage exceptionnel alors qu'il aurait, lui, toutes les raisons de se lamenter sur ce monde qui court à sa perte à cause de la misère ? Et le pauvre n'est qu'un exemple. Les victimes de guerres ou d'épidémies ont, elles aussi, une fâcheuse tendance à geindre sur leur sort. Eh quoi ? Quelqu'un a-t-il déjà eu le courage de dire que s'il n'y avait pas de victimes, les guerres ne seraient plus un problème ? Non, n'est-ce pas ! Une fois de plus c'est bien la preuve qu'il y a des sujets qui dérangent. À ce stade de notre raisonnement, une question se pose : est-il souhaitable que le pauvre devienne riche ? La réponse est définitivement non. Pour la bonne raison que si la Terre était peuplée de sept milliards de riches, nous serions déjà morts étouffés sous les déchets depuis longtemps, les embouteillages seraient multipliés par cent cinquante et il ferait dégueulasse partout parce que plus personne n'accepterait d'être éboueur ou femme de ménage. Si nous étions tous milliardaires, qui voudrait encore construire des limousines et de gigantesques villas ? D'autres milliardaires ? Fume ! J'ai assez de pognon, mon pote, pour ne pas devoir me faire chier à construire ta seconde résidence. J'ai assez de pognon pour nourrir ma famille de foie gras sur dix générations. Mais le souci va très vite devenir de savoir qui va cultiver le maïs qui servira à nourrir des oies que plus personne ne voudra gaver. Vous l'avez compris : il n'est pas souhaitable que tout le monde soit riche. Ce ne serait pas bon pour l'espèce humaine. Alors, saluons l'abnégation de ceux qui acceptent de l'être à notre place pour que l'humanité puisse continuer à vivre en harmonie, au risque, comme ce le fut parfois ces derniers mois, de perdre quelques millions qu'ils avaient économisés pour leurs vieux jours.

Nous savons maintenant que la principale source de détérioration de l'environnement est le pauvre dont l'unique motivation dans l'existence semble être de vouloir devenir riche. Sinon, pourquoi le pauvre travaillerait-il autant, pourquoi le pauvre jouerait-il au Loto, pourquoi économiserait-il pendant des mois de quoi se donner l'illusion, le temps d'un séjour au soleil dans un club de vacances, qu'il peut tout s'offrir à volonté comme les riches au nez et à la barbe d'employés autochtones encore plus pauvres que lui ? C'est bien parce que le pauvre a une voiture, parce que le pauvre voyage en avion, parce qu'il dispose d'une garde-robe et d'un parc électroménager qui auraient fait saliver un riche il y a cinquante ans, que tout va si mal aujourd'hui. Quand seuls les riches possédaient une automobile, il n'y avait pas d'embouteillages ; avant l'institution des congés payés, les plages étaient désertes, le littoral élégant. Pas de marées noires, de pollution atmosphérique, de trou dans l'ozone. Et à l'époque, le pauvre n'était pas si malheureux que ça d'ailleurs. Car honnêtement, est-ce que ça peut vraiment plaire d'être coincés pendant des heures dans les embouteillages pestilentiels, d'être agglutinés telles des sardines à l'huile solaire sur des plages dégueulasses bordant des mers polluées, de trimer comme des baudets pour arriver péniblement à payer les traites du crédit de la bagnole, de l'écran plat, du sèche et du lave-linge avant de s'abrutir devant des jeux télévisés à la con où des crétins sous-doués empochent des sommes astronomiques en répondant au hasard à des questions atterrantes ? Et rien n'ira jamais mieux en ce bas monde tant que le pauvre ne se résoudra pas à sa condition de pauvre (dont il ne perçoit sans doute pas totalement la beauté et la richesse). En effet, être pauvre, ce n'est pas seulement manquer de moyens matériels (consacrés en majorité à l'acquisition de biens superflus comme nous l'avons vu), c'est avant tout trouver en soi la faculté de se réjouir du bonheur d'autrui. Et quelle plus belle récompense le pauvre peut-il recevoir dans la vie que de se dire que grâce à sa modestie, les riches vivront une existence douillette sur une planète propre et enchanteresse ?

Le pauvre est-il capable d'apprécier les plaisirs des riches ? Le pauvre se rend-il compte qu'avec ses jérémiades, il finit par gâcher le plaisir des nantis ? À ces deux questions, la réponse est non. L'indigent habite généralement un logement exigu et se perdrait (le pauvre) dans une demeure de 1200 ou 1600 m^2. Une cahute modeste est à la mesure du miséreux. Plus le logement est petit et plus vite il sera chauffé, tandis que seul dans un gigantesque palais, le pauvre aurait froid et s'enrhumerait. Dans une limousine avec chauffeur, le pauvre aura toujours le réflexe de monter à l'avant, sans se rendre compte du ridicule de la situation, tandis que lorsqu'il s'assied au volant de sa petite voiture, il est en parfaite adéquation avec ses origines modestes. Soyons raisonnables. Le pauvre trouve-t-il une cuillerée de caviar 800 fois meilleure qu'une assiette de frites ? Le pauvre estime-t-il qu'un verre de Petrus 47 vaut à lui seul 200 bouteilles d'un bordeaux à 5 euros ? Le pauvre trouverait-il la main de sa femme plus élégante ornée d'une pierre qui pourrait payer, à elle seule, la maison, la voiture et les études des enfants ? La voilà bien, la limite du pauvre ! Il éprouverait beaucoup de difficultés à se comporter avec naturel en consommant de l'exceptionnel. Là où le milliardaire boira son Petrus comme nous avalons un Ice Tea, en disant simplement « Ça fait du bien, j'avais une de ces soifs ! », le gagne-petit n'aura de cesse de s'exclamer : « Ben, ça alors ! Tu te rends compte que pour le prix d'une gorgée et demie, on pourrait s'offrir une semaine de vacances à deux ! » Et il éclaterait de son gros rire de pauvre au milieu d'un silence consterné de l'assemblée. Et voilà bien la preuve que le disetteux n'est pas en phase avec l'univers prospère : il fait tache. Il ne se sentira jamais très à l'aise parmi les économiquement forts. Et ce ne sont pas les nouveaux riches se faisant regarder comme une merde par ceux qui étaient riches avant eux qui me diront le contraire. Car tous les riches ne s'aiment pas entre eux. Les riches issus de la noblesse ont du mépris pour les nobles désargentés qui, eux-mêmes, considèrent avec dédain la plèbe fortunée. Parmi les roturiers devenus Crésus, le dernier arrivé sera éternellement la cible de l'arrogance de ses prédécesseurs. Et quand il aura compris ça, le pauvre, il se rendra compte qu'il en a bien de la chance d'en être. Et il comprendra peut-être, enfin, que celui qui est à plaindre n'est pas toujours celui qu'on croit.

LE SOMMET DE LA

MADAME PETITE S. DE

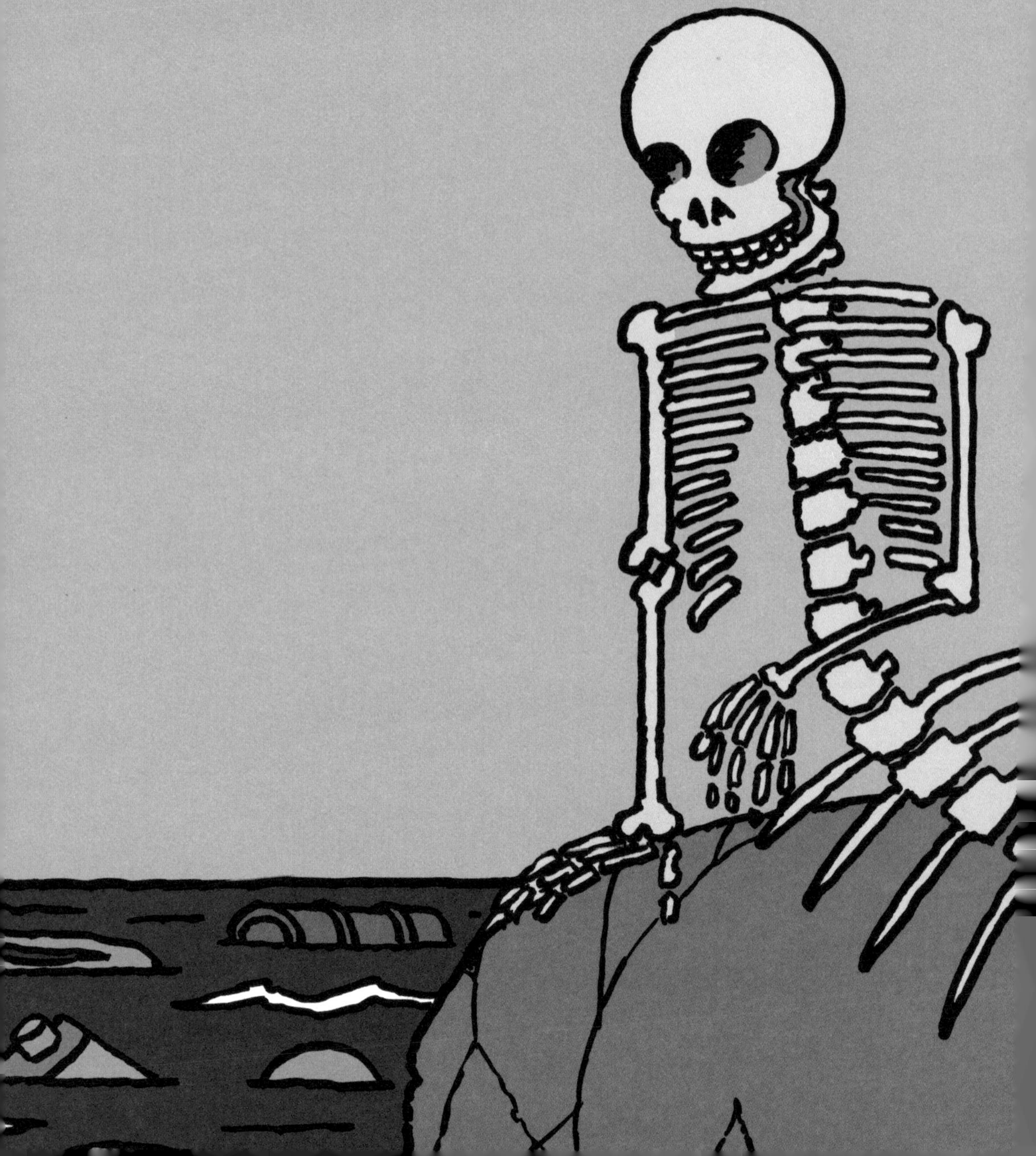

TERRE EST UN ÉCHEC
COPENHAGUE TÉMOIGNE
ØN EST MAL BARRÉS...

La question ne se pose même pas

Le pape prend-il des bains ou des douches ?
Le dalaï-lama a-t-il déjà mangé des tomates aux crevettes ?
Quand ouvriront-ils un IKEA en Corée du Nord ?
Pourquoi y a-t-il si peu de prix Nobel unijambistes ?
Comment se fait-il qu'on ne soit pas si choqué que ça d'apprendre qu'un nazi était pédophile ?
Aurait-on encore plus d'admiration pour Michel-Ange si on apprenait qu'il avait tout peint avec ses pieds ?
Si les Beatles s'étaient appelés Mimile et son orchestre, auraient-ils rencontré le même succès ?
Miss Univers souffre-t-elle parfois d'aérophagie ?
Jeannie Longo a-t-elle jamais su que d'autres filles la suivaient à vélo ?
Et si Mike Brant s'était jeté par la fenêtre pour ne pas devoir affronter la terrible nouvelle du décès de Claude François, trois ans plus tard ?
Le kamikaze qui pilotait le premier avion du 11 Septembre a-t-il pensé, dix secondes avant l'impact : « Au fond, est-ce que j'ai vraiment raison de faire ce que je suis en train de faire ? »

Pourquoi la SNCF ne sert-elle pas de Paris-Brest sur le Paris-Brest ?
Comment faire comprendre aux moustiques que nous serions prêts à leur donner tout le sang qu'ils veulent si en échange ils renonçaient à nous inoculer leur salive irritante ?
Les historiens peuvent-ils affirmer que si Hitler avait porté la barbe il ne se serait pas comporté différemment ?
Pourquoi ceux qui inventent les blagues demeurent-ils dans l'anonymat alors que tant d'humoristes pas très drôles rêvent d'en sortir ?
Quand les producteurs de publicité pour les produits d'entretien qui font briller un carrelage dégueulasse en un coup d'éponge seront-ils traduits en justice pour abus de crédulité ?
Les gens qui ont les yeux écartés voient-ils mieux sur les côtés ?
La Belgique va-t-elle dans le bon sens ? A-t-elle encore un sens ? Est-elle un non-sens ?

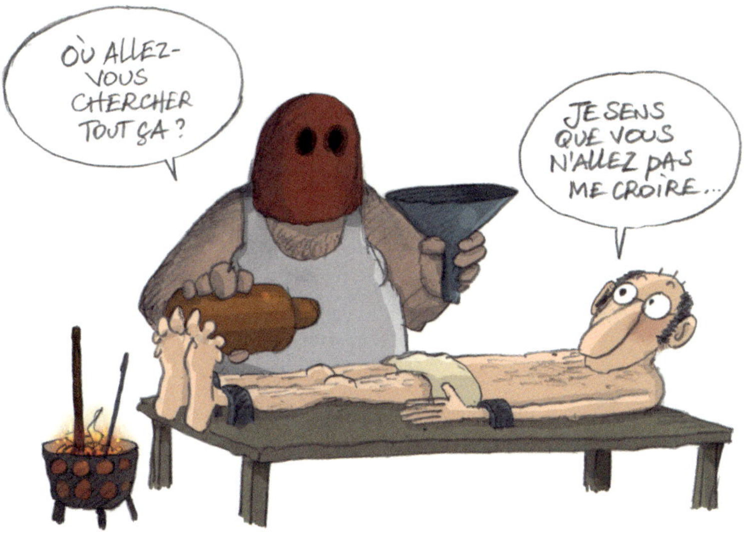

Adam Dupont et Ève Durand

Quelqu'un s'est-il déjà posé la question de savoir quel était le véritable prénom des hommes célèbres ? Bon, pour Albert II c'est facile, c'est Albert. Pour Homère, c'est facile aussi parce que c'est comme Homer Simpson. Mais pour Navarro ou Monsieur Propre, c'est quoi ? Ah ! On fait moins les malins, n'est-ce pas ? Sans compter tous ceux chez qui il y a des pièges. Pascal, par exemple, ne s'appelait pas Pascal (enfin, dans un sens, si), il s'appelait Blaise. Même chose pour La Rochefoucauld, tout le monde croit qu'il s'appelait Maxime car il en a écrit énormément, mais c'est Gorki qui s'appelait Maxime alors qu'il n'en a écrit aucune. Tandis que La Rochefoucauld s'appelait François (je l'ai lu dans le Robert). Mais revenons à tous ceux dont le prénom reste un mystère : Mystère Bean, Navarro, Monsieur Propre, le Lieutenant Columbo, Sgt. Pepper, Mademoiselle Âge Tendre, Monsieur Bricolage, le Colonel Moutarde, Kojak et tant d'autres. Et donc je vous propose, toujours dans le souci de rendre service, de me renseigner et de vous tenir au courant du résultat de mes investigations. Et je ne vais pas- car je ne voudrais pas gâcher votre week-end- vous parler de ceux qui n'ont ni prénom ni nom (le premier qui dit de l'Enclos va au coin!) comme le dernier des Mohicans, par exemple. Mais c'est un exemple.

MAI 1964
ET Mme SIFFREDI DONNA LA VIE...
BON...

C'EST UN GARCON, ÇA, DÉJÀ, C'EST SÛR

Con de poisson

Nous devons sauver la planète du suremballage, pour ne pas finir étouffés nous-mêmes au milieu d'un cimetière de déchets en polyéthylène comme ces cons de poissons au fond des mers qui entrent dans des sacs ou des filets dérivants (qui mettront des centaines d'années à se biodégrader) et n'en ressortent que sous forme d'arêtes, parce qu'ils sont trop cons pour faire marche arrière. Un peu comme nous, d'ailleurs. Nous allons droit dans le mur et nous sommes incapables de freiner, de nous arrêter ou de faire demi-tour. Avons-nous réellement évolué depuis l'époque où nous vivions sous l'eau? Nous aurions dû y rester, au fond. Bien au fond. Car c'est là que réside le début de la fin: c'est en sortant des mers, pour se métamorphoser, que le poisson a scellé son destin. Dans l'évolution de la sardine se profilait la boîte à sardines. Dans l'œil du poisson lorgnant sur l'amphibisme se reflétait l'hameçon du pêcheur qui pointera le bout de son gros nez aviné quelques millions d'années plus tard. Si, au lieu d'essayer d'aller bouffer des bestioles hors de l'eau, ses ancêtres s'étaient contentés de boire un coup de flotte et de manger du plancton, jamais aucun rollmops n'aurait péri dans la mayonnaise. Et donc, aucun humain ne serait jamais descendu d'aucun singe avec les ravages, le malheur et la souffrance qui en ont résulté (et pas seulement pour les rollmops).Tout ce qui est arrivé, c'est la faute à ces cons de poissons. Ça ne m'étonne pas qu'ils n'aient jamais réussi à inventer la marche arrière. Ils étaient bien trop cons! Et en sortant de l'eau, leur aïeul leur a bien niqué l'avenir, à toute la confrérie! Il a donné, par ce geste, le coup d'envoi à l'invention de la pêche, de la conserverie, de la poêle à frire, de l'emballage, du surgelé. Sans cet ancêtre calamiteux, aucun poisson n'aurait jamais croisé aucun citron. Et l'homme serait sans doute devenu moins crétin s'il n'avait eu pour ancêtre ce con de poisson. Mais bon, on ne refait pas l'histoire, ni la préhistoire (comme disait un ami créationniste) et on est bien obligé d'avancer avec ce qu'on a. Et surtout avec ce qu'on est. Alors, ne gardons pas la tête dans le sac car le mur se rapproche.

LA FILIÈRE DES
CEUX QUI RUINENT
J'AI COTISÉ 35 ANS

DOYENS DES FRANÇAIS
LA CAISSE DES RETRAITES
ET TOUCHÉ PENDANT 58 ANS !
ET JE VOUS EMMERDE !

Casse-toi, vieux schnock !

Nous avons donc démontré, assez brillamment je crois, que pour sauver le monde et donc la France et donc la Belgique, en gros, il suffisait de régler définitivement le problème de la pauvreté, mais sans que cela n'altère le bien-être des riches, parce que si c'est pour faire une révolution bolchevique moderne, merci bien. Les nantis n'ont aucune envie de se retrouver parqués dans de misérables 200 mètres carrés sous prétexte que tous les hommes seraient frères.

Liberté, Égalité, Fraternité, c'est très décoratif quand c'est gravé sur les bâtiments publics, mais ça ne rentre pas chez moi. Chez moi, c'est privé, alors dehors les cocos. Il n'y a pas de kolkhozes avenue Foch.

Ça va intéresser des tas de traîne-savates, votre truc de collectivisme. Et vous en aurez bien besoin pour affronter le papy-boom. Tous les anciens du baby-boom, on va les retrouver bientôt chauves et sans dents, disons vers 2040. La médecine aura continué à faire des progrès vertigineux et leur espérance de vie aura encore grimpé de 15 ans, atteignant la moyenne de 95 ans. Des dizaines de millions de vieillards seront alors à la retraite depuis 30 ou 35 ans et, en nombre nettement moindre, des jeunes qui seront obligés de travailler comme des ânes pour payer les soins à leurs grands-parents. Seuls les marchands de protections urinaires, de déambulateurs et de sonotones feront fortune. La durée de la vie s'allonge, certes, mais la note du pharmacien aussi. En 2040 donc, des vieillards à ne plus savoir qu'en faire et qui boufferont avec leurs fausses dents 70 % des revenus du pays. Émergera alors un homme politique qui se proposera de régler le « problème vieux ». Il en fera une grande cause nationale et, comme il ne lui sera pas possible de proposer de les renvoyer dans leur pays (puisqu'ils y seront, dans leur pays), il convaincra l'opinion qu'il n'y a pas d'autre solution que d'envisager le « raccourcissement » de la vie. On l'aura allongée tant qu'on aura pu, mais là, il faudra bien faire machine arrière. Une grande campagne de sensibilisation sera diffusée tous azimuts qui prônera, dans un premier temps, le volontariat, avec, pourquoi pas, une « aide à la disparition voulue », comme on en avait instaurée pour l'isolation des logements. Ils organiseront un « Grenelle de l'euthanasie » et si les vieux ne se décident pas à libérer du budget de leur plein gré, on leur donnera un petit coup de main. Et je vous laisse imaginer la fin de ce film d'horreur.

Je suis vraiment désolé de terminer sur une note aussi noire, mais que voulez-vous, on bavarde, on bavarde et puis voilà.

Cela dit, si un jour la réalité devait tourner au cauchemar, comme dans mon scénario, je veux juste prévenir les miliciens qui viendraient me chercher pour m'emmener au centre d'élimination que je disposerai d'une arme et que je sais tirer.

BIEN SÛR VOUS FAISIEZ UN GROS CHAT QUI PARLAIT !
MAIS, OUI, TOUS LES ANIMAUX PARLENT, Mr GELUCK
MAINTENANT ON VA FAIRE UN GROS DODO !
ET ON VA ÊTRE BIEN SAGE JUSQU'AU DÎNER